日系ブラジル人労働者の雇用形態と雇用意識

Employment Status and Employment Attitudes of Japanese Brazilian Workers

早川和幸　[著]
Hayakawa Kazuyuki

中央経済社

はしがき

　これまでの日系ブラジル人労働者に関する研究では，どちらかといえば，日本社会への適応に関するもの，日本語能力に関するもの，福祉，居住環境に関するものなど，多文化共生の実現に関連した議論に重点が置かれたものが多い。日系ブラジル人労働者の本来あるべき就労環境，雇用形態の実態などに関する研究も数多くあるものの，いずれも日系ブラジル人労働者の側に視点と重点を置いた社会学的研究が多く，彼らを雇用する企業側（特に中小製造業）に視点と重点を置いた経営学的研究は少ない。

　本書では，日本人労働者に勝る比率で，日系ブラジル人労働者が派遣・請負社員，非正規社員といった不安定要素のある労働階層に固定化された雇用形態でなぜ就労し続けているのか，また，中小製造業は日本人若手人材の採用が困難で人手不足という状況にもかかわらず，なぜ彼ら日系ブラジル人労働者を正社員として雇用し，日本人労働者に代わる人材として育成しようとしないのか，の二点を問題意識としている。

　入管法改正からすでに30年以上が経過した今日でも，彼らの雇用形態は当初の派遣・請負社員といった解雇の不安のある不安定労働層に固定され続け，雇用形態の面では変化が見られないが，日本での在留実態では長期化という変化が見られる。

　在留資格の内訳を1990年と2021年で比較すると，在留資格のうち永住者の占める人数（割合）が大幅に増加し，日系ブラジル人在留者の日本における在留の実態と意識が確実に変化してきていることがわかる。

　在留意識が彼ら自身の意思によって確実に変化しているが，日本に永住する上での生活基盤となる雇用形態などの就労環境は変化しているのだろうか。本書が対象とする日系ブラジル人労働者は，高度な知識・技術・技能を携えて来日した者も多い。しかし，彼らは日本では不熟練工と位置付けられる職種にしか就労できない。

　本書では，なぜ彼らが不安定就労層に位置付けられ続けているのか，その要

因はどこにあるのかを明らかにし，日系ブラジル人労働者が安定した雇用環境の下で就労可能となるための政策を提言することを目的としている。

　本書の研究成果が，今後，日系ブラジル人労働者を間接雇用から直接雇用の正社員に移行して雇用することで，中小製造業の人手不足解消の一助となり，中小製造業が抱える高度熟練技能の継承者の確保にも貢献できることを期待したい。

2025年1月

早川　和幸

目　次

第1章
不安定就労層に位置付けられる日系ブラジル人労働者 ———— 1

- 1.1　研究の背景／1
- 1.2　問題意識／4
- 1.3　研究の目的／7
- 1.4　用語の定義／9
- 1.5　本書の概要と全体構成／12

第2章
日本とブラジルの間における移動（移民）の変遷 —— 15

- 2.1　在留外国人の現状と日系ブラジル人労働者／15
- 2.2　出入国管理制度の変遷／21
- 2.3　在留資格としての定住者の創設と技能実習制度及び特定技能制度／33
- 2.4　小　括／37

第3章
日系ブラジル人労働者の就労実態に関する研究 —— 41

- 3.1 先行研究の背景／41
- 3.2 日系ブラジル人労働者の就労実態に関する先行研究／42
- 3.3 日系ブラジル人労働者の雇用形態と労働階層の固定化に関する先行研究／45
- 3.4 日系ブラジル人労働者の転職行動に関する先行研究／47
- 3.5 ブラジルにおける「デカセギ」紹介ルートに関する先行研究／48
- 3.6 日系ブラジル人労働者の再就職・転職紹介ルートに関する先行研究／52
- 3.7 小　括／55

第4章
中小製造業による日系ブラジル人労働者の雇用実態に関する研究 —— 59

- 4.1 先行研究の背景／59
- 4.2 中小製造業における日系ブラジル人労働者の雇用に関する先行研究／61
- 4.3 中小製造業における日系ブラジル人労働者雇用の排外意識に関する先行研究／64
- 4.4 中小製造業における日系ブラジル人労働者の雇用

意識に関する先行研究／66

4.5 中小製造業における日系ブラジル人労働者の雇用ルートに関する先行研究／67

4.6 小　括／68

第5章
リサーチデザイン ——— 71

5.1 先行研究の限界／71

5.2 リサーチクエスチョン／76

5.3 調査の目的と種類／77

5.4 調査対象者と対象地域の選定理由／78

5.5 調査対象地域の概要／80

第6章
日系ブラジル人労働者の就労実態に関する調査分析 ——— 85

6.1 日本における外国人労働者の就労状況／85

6.2 日系ブラジル人労働者を対象としたアンケート調査の概要／86

6.3 アンケート調査の結果分析／89

6.4 インタビュー調査の概要／100

6.5 インタビュー調査の結果分析／106

6.6 小　括／131

第7章
中小製造業による日系ブラジル人労働者の雇用実態に関する調査分析 ―― 135

- 7.1 中小製造業に対するアンケート調査の概要／135
- 7.2 中小製造業に対するアンケート調査の結果分析／140
- 7.3 中小製造業に対するインタビュー調査の概要／163
- 7.4 中小製造業に対するインタビュー調査の結果分析／167
- 7.5 小　括／180

第8章
日系ブラジル人労働者の就労環境改善に向けて ―― 183

- 8.1 リサーチクエスチョンに対する解／183
- 8.2 本書の成果／190
- 8.3 学術的貢献／193
- 8.4 実務的貢献／194
- 8.5 政策提言／195
- 8.6 政策提言のまとめ／207
- 8.7 本書の限界と今後の研究課題／209

参考文献・213

索　引・231

第1章

不安定就労層に位置付けられる
日系ブラジル人労働者

1.1 研究の背景

1.1.1 人手不足と外国人労働者の受け入れ

　第二次世界大戦終戦後，復興を遂げた日本は，1950年代中頃から高度経済成長の時代を迎え，1980年代後半から1990年代初頭にかけてバブル景気に沸き，製造業を中心としたものづくり現場でも，増産に増産を重ねる好景気が続いた。当然のことながら増産体制を維持する上では，より一層の単純労働力を必要とした。

　一方で，製造現場で必要とする単純労働力の確保は簡単ではなく，もはやそれらの労働力を日本人労働者で補うことは困難という状況も生じていた。好景気による高度経済成長は，皮肉なことに中小製造業での人手不足を招くこととなり，それを要因とする人手不足倒産という事態も生じた。日本人労働者だけでは人手不足を充足・解消することは困難であり，必然的に外国人労働者の受け入れによる労働力の確保を政策的に進めざるを得ないという状況にあった。

　この時期にはアジア諸国からの人々を中心に，日本での仕事を求めて「デカセギ」[1]目的の外国人労働者が合法・不法を問わず多く入国している。1979年に合法的に入国した外国人労働者の数は893,798人であったのが，1989年には2,455,776人と10年間で急増している。留学生や就学生などの就労目的以外の入国者を含めると，その数はさらに大きくなる。また，外国人の入国増に伴って，在留資格では認められていない不法就労問題が生じることになる。この時

期における不法就労者として摘発された外国人の数は，1983年の2,339人から1989年には16,608人と著しく増加し，中小製造業の組立現場などの「単純労働」で働く外国人の問題が顕在化し，これに対する対策として「出入国管理及び難民認定法（以下「入管法」という）」[2]の改正議論へと結び付いた（島田，1993）。

1.1.2　日本の出入国管理政策の変遷

日本における外国人労働者の受け入れ政策という視点で，出入国管理政策を俯瞰するならば，1980年代後半までの日本政府における外国人労働者の受け入れに伴う出入国管理政策[3]は，単純労働力としての外国人労働者の受け入れを拒み続け，頑なに受け入れ導入に踏み切ることはなかった。しかし，前述したような極度の人手不足という状況下では，もはや従来のような出入国管理政策を踏襲し，単純労働力としての外国人労働者の受け入れを拒み続ける状況ではなかったはずである。それにもかかわらず，頑なに従来の出入国管理政策を維持踏襲し，諸外国から単純労働力としての外国人労働者の受け入れをするといった，いわば柔軟な出入国管理政策を取り入れることはなかった。

その一方で，1990年に入管法を改正し，新たな在留資格として「定住者」を新設するとともに，1993年には技能実習制度の創設を行い，結果として実質的に外国人の「単純労働」への就労を妨げることのない方策を講じたのである。これによって，1990年以降，ブラジルを中心とした中南米諸国からの「デカセギ」現象が始まることとなった（石川，1995：深沢，1999：杉山，2008：小内，2009a）。

その後，出入国管理政策は幾度かの改正がなされたものの，基本的，表面的には出入国管理政策上，制度として単純労働力としての外国人労働者の受け入れをしない，すなわち外国人を移民として受け入れないという仕組みが追認されて今日に至っている。しかし，現実としては，前述した入管法改正によって「定住者ビザ」を新設したこと自体，日系人が中心とはいえ，出入国管理制度上，外国人労働者の受け入れを容認したものであり，また，その後創設された技能実習制度も国際貢献を建前としているものの，実質的には労働現場における単純労働力の受け入れを実現している出入国管理政策であるといわざるを得

ないのであり，これらのことが「サイドドアポリシー」と批判されている要因でもある（明石，2009）。

　厚生労働省（2022）「在留外国人統計」によれば，日本における中長期の外国人在留者数は2,669,267人で，これに特別永住者数[4] 292,702人を加えると，在留外国人の総数は2,961,969人である。厚生労働省（2022）「外国人雇用状況」の届出状況によれば，これら在留外国人のうち，外国人労働者という括りで見ると，日本に在留する外国人労働者は1,822,725人であり，その在留資格別内訳は，身分に基づく在留資格での在留者が595,207人と，外国人労働者の32.7％を占めている。しかも，この身分に基づく在留資格で在留する外国人労働者を産業別に就労先を見ると，単純労働力として就労していると容易に推察される業種で就労する者は，製造業で485,128人（26.6％），卸売・小売業で237,928人（13.1％），続いて建設業で116,789人（6.4％）と，身分に基づく在留資格で在留する外国人労働者の約82％が単純労働力として就労しているのが実態である。これらのことから，入管法で定める身分に基づく在留資格や技能実習制度に基づく在留は，単純労働力としての外国人労働者受け入れ制度ともいえる。

1.1.3　日系ブラジル人労働者の雇用環境

　本書が研究対象とするブラジル人労働者の在留者数を見ると，出入国在留管理庁（2022a）によれば207,081人で，そのほとんどは「入管法別表第二」に定める永住者，日本人の配偶者等や永住者の配偶者等，定住者といった在留ビザで日本に在留している。したがって，彼らは何らかの形で日本人と関連のある日系ブラジル人[5]労働者もしくはその配偶者などである。

　前述したように入管法改正によって，身分に基づく在留資格として「定住者ビザ」が新設されたことにより，日系３世とその配偶者までを対象にして就労に制限のない在留が認められるようになった。そして，入管法改正を契機に，日系ブラジル人は当時の母国ブラジルでは到底得ることができない一時的な高収入を求めて，「デカセギ」労働者という形で母国と日本との間を短期間に循環移動[6]するようになった。

　彼ら日系ブラジル人「デカセギ」労働者の多くは，特段の技術を持たない非

熟練労働者であり，また，特段の技術がなくても製造業を中心とした人手不足という日本の労働市場では，彼らが容易に就労先を得ることを可能にし，製造業の現場で単純な業務に従事するようになった。

日系ブラジル人「デカセギ」労働者は，あくまでも彼らの大半が「デカセギ」という一時的な就労を前提としており，彼らの就労先の確保や日本での生活面のサポートなどを人材派遣会社が担っていた。すなわち，彼ら日系ブラジル人「デカセギ」労働者と就労先企業との間に人材派遣会社が介在することで，結果として彼らの雇用形態は，人材派遣会社に雇用された後に就労先企業に派遣される派遣社員や請負社員がほとんどであった。

日系ブラジル人「デカセギ」労働者は，従来，日本には存在しなかった新たなブルーカラーの労働市場における存在となり，日本人労働者とは異なるマージナル（Marginal）な社会的存在（Nikkeijin）として，派遣・請負社員といった間接雇用という，常に企業の業況によって解雇される可能性を含んだ不安定な労働階層に位置付けられるようになった。

厚生労働省（2008）によれば，当時の日本に在留したブラジル人労働者99,179人のうち53,160人（53.6％）が製造業で就労していた。一方，現在の就業先業種を見ると，厚生労働省（2022）によれば，日系ブラジル人労働者134,977人のうち，55,231人（40.9％）が製造業従事者であり，2008年に比べて製造業への従事者は減少している。日系ブラジル人労働者の雇用形態を見ると，52.8％が「派遣切り」や「雇い止め」などの不安要素を抱えた派遣・請負社員といった間接雇用である。一方で，日本人就業者の雇用形態別就業者では，役員を除く全就業者のうち，非正規社員の割合は37.2％であり（総務省，2023），日本人就業者に比べて日系ブラジル人労働者の方が，不安定な雇用環境にある。

1.2 問題意識

日本に在留する日系ブラジル人は，その多くが「定住者」という在留資格で来日し，その後，在留資格の延長や「永住権」を取得するなどして日本で暮らしている。彼らは「定住者」という括りで，仕事を自由に選択することが可能であることから，就労という面では日本人の労働者と変わりはない。したがっ

て,「労働基準法」第3条に定められているように,国籍を問わず,彼らが日本で就労する限り,日本人と同様に労働関係法令が適用されなければならない。「労働基準法」によって,「賃金」「労働時間」「その他の労働条件」について,差別的扱いを受けることがあってはならないのである。

彼ら日系ブラジル人労働者を雇用している企業は,「労働基準法」「最低賃金法」「労働安全衛生法」「労働契約法」「雇用保険法」などに照らして,彼らを雇用する上で適用されるべき法律を遵守している。しかし,これだけをもって日本人労働者と同じように雇用されているといえるだろうか。確かに外国人労働者であっても日本人労働者と同じように「労働基準法」その他の法律で保護されていることからすれば,日本人と何ら変わりのない就労環境であるといえよう。

彼ら日系ブラジル人労働者が,日本の労働市場でどのように位置付けられているのか,「労働市場での立場」ということで表現し,それを日本人労働者と比較するならば,決して同等の「立場」で就労しているとはいえない。「労働基準法」で差別してはならないとしている「賃金」や「労働時間」「その他の労働条件」などではなく,彼らが日本で生活していく上で安心できる雇用形態での就労という点において,派遣・請負社員などの「間接雇用」といった「不安定就労層」に置かれ続けており,日本人労働者とは「労働市場での立場」が異なるのである。前述したように,日本人労働者の場合も役員を除く非正規社員の割合が,全就労者の37.2%を占めているということは,非正規社員の割合が決して低いとはいえず,これが格差をもたらす要因であり,日本における雇用の社会的問題の1つでもある。

しかし,日本人就業者の場合は,厚生労働省(2019)「就業形態の多様化に関する総合実態調査」によれば,非正規社員で働くことを選択した理由は,「自分の都合の良い時間に働けるから」「家庭の事情」「家計の補助・学費等を得たいから」など,自らが選択して非正規社員で働いている場合が多く,「正社員として働ける会社がなかったから」との理由で,やむを得ず非正規社員で働くことを選択しているケースは,全体からすれば少ない。必ずしも日本人労働者自らが意図しない結果として,非正規社員という雇用形態を選択しているとはいえないのである。

日系ブラジル人労働者の場合は、「外国人雇用状況」の届出状況でも明らかにされているように、50％を超える労働者が派遣・請負社員であり、これにパート社員、期間工、季節工等の非正規社員で就労している者を加えれば、その比率はさらに大きくなる（厚生労働省、2022）。また、政府統計データなどでは、日系ブラジル人労働者の就労形態の選択動機を明らかにしていないが、母国ブラジルにおける厳しい経済情勢から逃れ、より豊かな生活を求めて来日し、その後、永住権を取得する者が増加し、彼らの日本における在留年数は年々長期化している。

　従来、日系人という括りで捉えれば、日本に長期滞在が認められるのは、日系3世まで及び日系3世に扶養される未成年で未婚の実子に限り、4世まで長期滞在が認められてきた。しかし、厚生労働省は2017年から、犯罪歴がないことに加えて医療保険に加入していること、帰国旅費を確保していること、入国時に基本的な日本語を理解することができる能力（日本語能力試験N4程度）を有することなど、一定の要件を満たしていれば18歳以上30歳以下の日系4世を対象に、通算で最長5年間の滞在を可能とした。就労に関しても日系3世までと同様に自由に就労可能としたが、滞在期間最長5年は、3世までと大きく異なる。今後、日系4世の滞在期間が延長されることになれば、すべての日系ブラジル人が日本永住を希望するものではないが、確実に長期滞在の希望者が増加する要因の1つになることは容易に推察される。

　これまで日系ブラジル人に関する研究については、2019年以降を見ても、どちらかといえば日本社会への適応に関するもの、日本語能力に関するもの、福祉、居住環境に関するものなど、「多文化共生」の実現に関連した議論に重点が置かれたものが多い。日系ブラジル人労働者の本来あるべき就労環境、雇用形態の実態などについても多くの議論がなされているものの、いずれの先行研究においても日系ブラジル人の側面に視点と重点を置いた社会学的研究が多く、彼らを雇用する企業側（特に中小製造業）に視点を置いた経営学的研究は少ない。

　本書では、日本人労働者に勝る比率で、日系ブラジル人労働者が派遣・請負社員、非正規社員といった不安定要素のある労働階層に固定化された雇用形態で、なぜ就労し続けているのか、また、中小製造業は日本人若手人材の採用が

困難で人手不足という状況にもかかわらず，なぜ彼ら日系ブラジル人労働者を正社員として雇用し，日本人労働者に代わる人材として育成しようとしないのかを問題意識としている。

1.3 研究の目的

入管法改正からすでに30年以上が経過した今日，彼らの雇用形態は当初の派遣・請負社員といった解雇の不安のある不安定労働層に固定され続け，雇用形態の面では変化が見られないが，日本での在留実態では長期化という変化が見られる。

出入国在留管理庁（2022a）「在留外国人統計」によれば，入管法改正直後における日系ブラジル人在留者56,429人のうち，身分に基づく在留資格での在留者数は53,257人（94.4％）であった。身分に基づく在留者の内訳は，日本人の配偶者等が40,384人，定住者が12,637人，永住者が164人，永住者の配偶者等が72人である。

直近の統計である出入国在留管理庁（2022a）「在留外国人統計」を見てみると，日系ブラジル人在留者204,879人のうち，身分に基づく在留資格での在留者数は199,639人（97.4％）であるが，その内訳は日本人の配偶者等が16,544人，定住者が68,492人，永住者が112,890人，永住者の配偶者等が1,716人である。在留日系ブラジル人の永住権の取得率は55.1％である。

また，日系ブラジル人労働者という視点で見ると，「外国人の雇用状況」の届出状況から把握することができる。「外国人雇用状況」の届出制度は，第166回通常国会における「雇用対策法及び地域雇用開発促進法の一部を改正する法律」（平成19年法律第79号）の成立・公布を受けて2007年10月から施行され，翌年から届け出が義務化された。この制度発足後初の厚生労働省（2008）「外国人雇用状況」の届出状況によれば，当時，日本に在留したブラジル人労働者は99,179人で，うち98,683人（99.5％）が身分に基づく在留資格での在留者であったが，身分に基づく在留資格での在留者のうち，既に永住権を取得していたものは27,829人（28.2％）に過ぎなかった。

しかし，厚生労働省（2022）「外国人雇用状況」の届出状況によれば，日本に在留するブラジル人労働者は134,977人で，うち133,671人（99.0％）が身分

に基づく在留資格での在留者であり，身分に基づく在留資格での在留者のうち，66,231人（49.1％）と約半数がすでに日本での永住権を取得している。

　日系ブラジル人が日本の都市の中で最も多く在住する静岡県浜松市において，筆者が日系ブラジル人労働者375人に対して行った質問紙調査での在留意識調査では，61.1％がすでに永住権を取得し，26.9％が永住権の取得を希望していると回答している（早川，2021）。日系ブラジル人労働者が永住権を取得しているからといって，今後，永住権取得者のすべてが，日本での永住を志向しているとはいえない。永住権取得者の中には，在留資格の更新を回避することが目的で，永住権を取得している者も少なからず存在するものと推察される。

　そこで，在留資格の内訳を1990年と2021年で比較すると，在留資格のうち永住者数の占める人数（割合）が大幅に増加し，日系ブラジル人在留者の日本における在留の実態と意識が確実に変化している。

　渡辺（1995b）は，日系ブラジル人の在留について，帰国でも「定住」でもない「反復出稼ぎ」とし，森（2000）は，その後の在留について，「還流型移住」と，日系ブラジル人労働者の在留状況を表現している。渡辺，森が論じた当時における彼らの来日の目的は，その大半が「デカセギ」であったことから，母国と日本を短期間のうちに循環移動することを繰り返すことは必然的であった。

　在留意識が彼ら自身の意思によって確実に変化しているが，日本に永住する上での生活基盤となる雇用形態などの就労環境は変化しているのだろうか。五十嵐（2006）は，従来から外国人労働者は単純労働者（力）と呼ばれ，単純労働という極めて曖昧に分類された仕事に従事している外国人労働者を示し，就労に際して特別な知識や技能，技術を持たない非熟練労働者としている。

　これはすべての外国人労働者に該当するといえるのだろうか。本書が対象とする日系ブラジル人労働者は，高度な知識・技術・技能を携えて来日した者も多い。しかし，彼らは「労働の質と仕事の質が同等であるという対応関係にはない」（式部，1992）にもかかわらず，日本では不熟練工と位置付けられる職種にしか就労できない。青木（2006）は，これを「労働の下層性」と表現し，その理由を労働内容の労務性，就労条件の劣悪さ，雇用形態の不安定からなるとしている。

青木（2006）がいう「労働の下層性」という位置付けという表現は，日本に在住する日系ブラジル人労働者は派遣社員，請負社員などの「間接雇用」やパート社員，期間工，季節工などの不安定就労層に位置付けられているということである。では，なぜ彼らが不安定就労層に位置付けられ続けているのか。その要因はどこにあるのかを明らかにし，日系ブラジル人労働者が安定した雇用環境の下で就労可能な政策を提言することが本書の目的である。

1.4　用語の定義

1.4.1　日系ブラジル人労働者

石田（2009）は，都築（1998），石川（1995），イシ（2003），戸井田（2005），川村（2005）などが論じている日系人に対する解釈を引用して，中南米諸国から「デカセギ」を目的に来日した外国人の主体であるブラジル人労働者の呼称を「日系人」あるいは「日系ブラジル人」または「日系南米人」などとし，これらの表現が特別に区別なく使用されることは珍しくないと，広義な捉え方をしている。

渡辺（1995b）は，日系ブラジル人という名称を「デカセギ」の主体である日系2世及び日系3世のブラジル人に留まらず，逆に日本からブラジルに移民として移住した日本国籍を有する移住1世，さらに日本国籍とブラジルの二重国籍を有する日系2世及び，実質的に日本人とは血縁的関係の全くない日系人の配偶者である「非日系人」まで日系ブラジル人に含まれるという解釈をしている。

大久保（2005）は，「日系人」という表現の用い方については，渡辺が論じている「非日系人」を日系人という「エスニック・カテゴリー」に含めることは慎重であるべきとの見解を示している。このように「日系人」の解釈，用語の用い方については，研究者によって異なる。

本書においては，日系1世，日系2世，日系3世または日系4世とそれらの配偶者，子どもなどで，「入管法別表第二の上欄の在留資格」をもって在留し，就労しているブラジル人を総称して日系ブラジル人労働者と定義する（図表1-1）。

図表1-1 入管法別表第二の上欄の在留資格

	在留資格別	該当する在留内容
1	永住者	永住許可を受けた者
2	日本人の配偶者等	日本人の配偶者，実子，特別養子
3	永住者の配偶者等	永住者，特別永住者の配偶者，または我が国で出生し引き続き在留している実子
4	定住者	日系3世，外国人配偶者の連れ子等

出所：出入国在留管理庁（2023a）をもとに筆者作成

1.4.2　就職・転職紹介ルート

　近藤（2005）は，日系ブラジル人労働者が「デカセギ」を目的として来日する場合，どのようにして「デカセギ」の機会を得るのかについて，母国ブラジルでは「地方仲介人」「旅行会社」「日本企業の現地駐在所」等，いくつかの「デカセギ」紹介ルートが複雑に介在し，彼らはそれらの「デカセギ」紹介ルートを通じて来日するパターンが一般的な流れであり，1990年の入管法改正による「デカセギ」ブーム以降においても同様であるとしている。

　本書においては，近藤（2005）の論ずる「デカセギ」の機会を得るための就職紹介ルートとは異なり，来日以降の日本における就職活動，すなわち来日後に他の職業に「転職」する場合の再就職がどのような紹介ルートによってなされているのかを研究対象としている。

　日系ブラジル人労働者が日本で転職する場合，いくつかの就職紹介ルートを挙げることができる。主な就職紹介ルートとしては，人材派遣会社，同国籍者の友人，家族・兄弟，日本人の友人やハローワーク，国際交流協会，外国人在留支援センターなどの公的機関などがある。これらの紹介窓口を総称して本書では「就職・転職紹介ルート」と定義する。

1.4.3　中小製造業

　中小企業（Small and Medium Enterprises）は，「中小企業基本法」で「中小企業者」と呼ばれており，中小企業は日本の企業全体の99.7％を占め，中で

も小規模事業者の割合が多い。中小企業の区分については，「中小企業基本法」第2条において，資本金，常用雇用者数によって業種別に定義されている。

本書における「中小製造業」とは，「中小企業基本法」第2条第1項に定める「中小企業」及び「小規模企業者」のうち，資本金3億円以下または従業員300人以下の中小企業及び従業員20人以下の小規模事業者で，主たる業種が製造業である事業者をいう。

ただし，本書では前述した「中小製造業」は，従業員規模が数人規模から数百人規模と広範囲に及ぶことから，従業員規模が10人未満を「小規模な中小製造業」，50人未満を「中規模な中小製造業」，50人以上300人以下を「大規模な中小製造業」とする。

なお，本書が研究対象とした群馬県，静岡県，愛知県などの製造業メーカーと，それを取り巻く下請中小製造業が集積する地域の中小製造業を「地域中小製造業」と定義する。

1.4.4 デカセギ・出稼ぎ

本書では，「デカセギ」というカタカナでの表記を日本に就労目的で来日している日系ブラジル人労働者の場合に用いることとし，本章で述べる「移民移送国」として日本人が諸外国へ労働力として移民する場合を「出稼ぎ」と表記することとする。なお，「デカセギ」とのカタカナでの表記は，ポルトガル語辞典にも「decassegui」と表記されている（富野・高橋・金七，2003）。

1.4.5 不安定就労層

仁井田（2014）によれば，「非正規雇用者や無職者・正規雇用者のなかでも非正規雇用者と同等の就業条件で働く人たちなど，不安定な就業状況におかれている人たち」を「不安定就労者」としている。

本書では，日系ブラジル人のうち，派遣社員や請負社員，パート社員，期間工，季節工などの非正規社員での雇用形態で就労している日系ブラジル人労働者たちを「不安定就労層」という。一方で，正社員として比較的安定した就労環境で雇用されて就労している労働者を安定就労層という。

1.5 本書の概要と全体構成

本書は，Phase 1 からPhase 4 の 4 つのPhaseで構成し，本書の全容を第 1 章から第 8 章の全 8 章で構成する。

1.5.1 Phase 1：研究前提

第 1 章「不安定就労層に位置付けられる日系ブラジル人労働者」では，研究の背景，問題意識，目的，本書で用いる用語の定義を述べる。第 2 章「日本とブラジルの間における移動（移民）の変遷」では，日本人がブラジルへと移民した社会的背景を述べるとともに，日本の出入国管理制度を歴史的に区分して俯瞰する中で，日系ブラジル人労働者の就職・転職紹介ルートの実態とそれに起因するであろうと考えられる雇用形態への影響について述べる。

1.5.2 Phase 2：先行研究

第 3 章「日系ブラジル人労働者の就労実態に関する研究」では，日系ブラジル人労働者の就労実態に関する先行研究，日系ブラジル人労働者の雇用形態と労働階層の固定化に関する先行研究，日系ブラジル人労働者の転職行動に関する先行研究，ブラジルにおける「デカセギ」紹介ルートに関する先行研究，日系ブラジル人労働者の再就職・転職紹介ルートに関する先行研究について，論点ごとにレビューし論述する。

第 4 章「中小製造業による日系ブラジル人労働者の雇用実態に関する研究」では，中小製造業における日系ブラジル人労働者の雇用に関する先行研究，中小製造業における日系ブラジル人労働者雇用の排外意識に関する先行研究，中小製造業における日系ブラジル人労働者の雇用意識に関する先行研究，中小製造業における日系ブラジル人労働者の雇用ルートに関する先行研究について，論点ごとにレビューし論述する。

1.5.3 Phase 3：調査分析

第 5 章の「リサーチデザイン」では，第 3 章及び第 4 章で行った先行研究レビューの各論点について，先行研究では明らかにされていない限界を示し，そ

れに基づくリサーチクエスチョンを設定する。また，設定したリサーチクエスチョンを明らかにするために本書で行った調査について，調査地を選定した理由，調査の種類，量的調査及び質的調査の方法について述べる。

第6章の「日系ブラジル人労働者の就労実態に関する調査分析」では，日系ブラジル人労働者，人材派遣会社，ハローワークなどの公的機関に対して行ったアンケート調査結果の概要，インタビュー調査結果の概要を述べるとともに，日系ブラジル人労働者の就労実態，就労業種，雇用形態と勤続年数，再就職・転職のための求職ルート，雇用形態に関する満足度，就労先でのその他の満足度などについての調査分析結果を中心に述べる。

第7章「中小製造業による日系ブラジル人労働者の雇用実態に関する調査分析」では，中小製造業に対して行った電話による聞き取り調査の概要，インタビュー調査の概要を述べるとともに，中小製造業の人手の充足度，日系ブラジル人労働者雇用の実態，雇用する理由，雇用形態，正社員雇用または間接雇用をする理由，雇用形態別労働意識，正社員雇用の場合の求人ルート，間接雇用の場合の求人ルート，雇用しない理由などについての調査分析結果，及びインタビュー調査の概要をまとめる。

1.5.4　Phase 4：研究成果

第8章「日系ブラジル人労働者の就労環境改善に向けて」では，第6章，第7章で行った調査分析の結果について考察し，その結果をもとに結論を述べ，これに対する政策提言を行う。また，本書の限界と今後の研究課題について述べる。

■注

1　カタカナでの表記は，ポルトガル語辞典にも「decassegui」と表記されていることを根拠とする（古沢，2012）。
2　それまでの在留資格に加えて，法律・会計業務，医療，研究，教育，人文知識・国際業務，企業内転勤，文化活動，就学，永住者の配偶者等，定住者が加えられた。
3　1990年の入管法改正以前の在留資格は，外交公用，教授，芸術，宗教，報道，投資・経営，技術，興行，技能，短期滞在，留学，家族滞在，特定活動，永住者，日本人の配

偶者等であった。
4　第二次世界大戦以前から日本に引き続き居住している在日韓国人，朝鮮人，台湾人，中国人及びその子孫の在留資格をいう。「日本の国籍を離脱した者等の出入国管理に関する特例法」が定められたことを根拠とする在留資格である（出入国在留管理庁，2023a）。
5　日系ブラジル人とは，日本からブラジルに永住の意思をもって移住した日本人及びその子孫の2世，3世等をいう。厳密には日本に在住する日系ブラジル人には，日本国籍の1世や二重国籍者，日本国籍に帰化した者を含む（古沢，2012）。
6　リーマン・ショック（2008年），東日本大震災（2011年）の影響で，ブラジルへ帰国した者も多いが，「デカセギ」を目的に日本とブラジルを往復する者も多く，「デカセギ」経験者は日本に在住している者を含めると，すでに日系ブラジル人の1/3に達するといわれている（二宮，2010）。

第2章

日本とブラジルの間における移動（移民）の変遷

2.1 在留外国人の現状と日系ブラジル人労働者

2.1.1 在留外国人の現状

　出入国在留管理庁（2022a）「在留外国人統計（旧外国人登録統計）」によれば，日本における在留外国人数は2,961,969人である。同様に出入国在留管理庁「在留外国人統計（旧外国人登録統計）」における2013年の在留外国人数を見ると2,066,445人であり，2022年の統計データと比較すると日本の総人口に占める外国人在留者の割合はわずか1.6%であった。

　在留外国人数は，10年前の2013年と2022年を比較すると895,524人（43.3%）も増加している。総務省統計局（2021）「日本の総人口の確定値」によれば，日本の総人口は125,103,886人であるので，外国人在留者は日本の総人口の約2.4%ということになる。このように日本に在留する外国人は，過去10年間で急激に増加（約1.4倍）し，今後も増加するものと予測される。

　2019年12月初旬，中国の武漢市で第1例目の患者が報告された新型コロナ感染症（COVID-19）は，各国に様々な影響を及ぼし，日本においても外国人の入国制限や母国への帰国など，外国人在留者数への影響は大きく，それまで増加していた在留者数は，2019年から2021年にかけては一時的に減少した。しかし，2021年から2022年にかけての在留者数を見ると，201,334人増加するなど，新型コロナ感染症が終息傾向にあることで，在留者数は増加に転じている（図表2-1）。

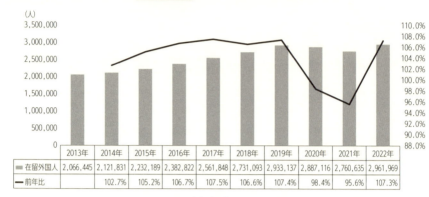

図表2-1 在留外国人数の推移

出所：出入国在留管理庁（2022a）をもとに筆者作成

　このように近年，日本における外国人在留者数は，一時的に減少した時期はあるものの，概ね増加の一途を辿っており，2018年に可決・成立（2019年4月1日施行）した「改正入管法」[1]により，在留資格「特定技能」が創設され，2019年4月から受け入れが可能となったこともあり，在留資格「技能実習」での在留外国人が，「特定技能1号」や「特定技能2号」による在留資格を得ることで，「特定技能1号」では14の業種（産業分野），「特定技能2号」では2業種での就労が可能となった（**図表2-2**）。

　また，滞在期間も延長や転職が可能となり，さらに「特定技能2号」においては，家族の帯同も認められるようになったこともあり，これらの在留資格を中心に，今後も在留外国人の増加傾向は継続するものと考えられる。

図表2-2　在留資格「特定技能」の就労可能業種

在留資格	就労可能業種
特定技能1号 （14業種）	1．介護業　2．ビルクリーニング業　3．素形材産業 4．産業機械製造業　5．電気・電子情報関連産業　6．建設業 7．造船・舶用業　8．自動車整備業　9．航空業　10．宿泊業 11．農業　12．漁業　13．飲食料品製造業　14．外食業
特定技能2号 （2職種）	1．建設業　2．造船・舶用工業

注：素形材産業，産業機械製造業，電気・電子情報関連産業は同一業種に区分されている。
出所：出入国在留管理庁（2022b）をもとに筆者作成

　現状における在留外国人の在留についての詳細を見ると，出入国在留管理庁（2022a）のデータによれば，日本に在留している外国人在留者は，国籍別で最も多いのが中国国籍者であり，744,551人（全外国人在留者の25.1％）が在留している。これは在留外国人総数2,961,969人の約4人に1人が中国国籍者であるということになる。中国に次いで在留者が多いのはベトナム国籍者で，在留者は476,346人（全外国人在留者の16.1％）である。次いで在留者が多いのは韓国国籍者の412,340人（全外国人在留者の13.9％）で，フィリピン国籍者の291,066人（全外国人在留者の9.8％）が続く。在留者数の多い4か国で1,924,303人（全外国人在留者の65.1％）を占めている。

2.1.2　日系ブラジル人労働者在留の現状

　本書が研究対象としているブラジル国籍者の在留者は，207,081人（全外国人在留者の7.0％）である。ブラジル国籍者の在留者数は，前述したように在留者数の多い4か国に比べれば，決して多い人数ではなく，最も在留者数の多い中国の約35％，ベトナムの約50％に過ぎない。

　しかし，これらの国々の在留者は従来から多かったのではない。日系ブラジル人在留者が最も多かった2007年の在留外国人数を見ると，日本に在留していた外国人在留者数は2,152,973人であり，中国国籍者の在留者数は606,889人（全外国人在留者の28.2％），ベトナム国籍者の在留者数は36,860人（全外国人在留者の1.7％），韓国国籍者の在留者数は593,489人（全外国人在留者の

27.6％），フィリピン国籍者の在留者数は202,592人（全外国人在留者の9.4％）というように，今日の在留状況とは異なっていた。

一方，2007年におけるブラジル国籍者の在留状況はどうであったのか。在留者は316,967人（全外国人在留者の14.7％）と，30万人を超える日系ブラジル人が在留していたのである。2008年のリーマン・ショック以降，約7年という短期間のうちに減少傾向を辿り，在留者数は2015年には173,038人まで減少した。この時期に日系ブラジル人が急激に減少した要因は，リーマン・ショックに端を発した経済危機が，日本では日系ブラジル人労働者をはじめとする南米系日系人の雇用危機に甚大な影響を及ぼしたことにある。彼らの主な就労先である中小製造業が，リーマン・ショックによる世界的な不況の煽りを受けて，経営環境が悪化したことで，彼ら日系ブラジル人労働者を対象にした「派遣切り」や「雇い止め」といった，いわばリストラが頻繁に行われた。急激に縮小した輸出依存度の高い輸送機器・電機産業では特に顕著であった（樋口，2010）。

それらの産業に集中していた日系ブラジル人労働者が大量に失業し，再就職の道が開けなかったことで，日本政府が2008年から2009年にかけて行った「日系人離職者に対する帰国支援事業」[2]もあり，母国ブラジルへの帰国に拍車をかけることになった（濱田，2016）。日系ブラジル人労働者の多くは，「デカセギ」を目的に来日した人たちであり，特段の知識や技術を有する人たちではなかったことから，容易に「デカセギ」で働くことができる中小製造業の製造現場における単純労働で働いていることが多く，真っ先にリストラの対象になったのである。

2.1.3　その他外国人在留の現状

在留者数の多い国の中で，ブラジル国籍者とは異なり，中国国籍者は大幅な増加ではないが，確実に在留者数が増えている。それは在留資格や目的がブラジル国籍者とは異なり，リーマン・ショックや東日本大震災を起因とする影響を受けにくい在留資格であったからであろう。すなわち，中国国籍者に多い在留資格は，就労目的という位置付けで見れば，「技術」「人文知識」など，いわゆる「高度人材」とその「家族滞在」，そして「留学」，さらには「永住者」が

多いことも中国国籍者の在留資格の特徴であり，日系ブラジル人のように在留者が減少する要素は少なかった。

　また，近年，急激に在留者が増加しているベトナム国籍者の在留資格の特徴はどうであろうか。2007年におけるベトナム国籍の在留者数は36,860人であったが，2022年には476,346人まで増加している。なぜ，ベトナム国籍者が大幅に増加したのか。日系ブラジル人は2008年のリーマン・ショックを契機として減少している。一方で，リーマン・ショック後における日本経済の回復とともに，ベトナム国籍者は増加している。すなわち，2008年以降，景気が徐々に回復したことで中小製造業に限らず多くの業種において人手不足が生じるようになったこともあり，「技能実習」という在留資格で，ベトナム国籍の来日者が増加したのである。以下のように，ベトナム国籍者の在留資格は，中国や韓国，フィリピンなどと比べて「技能実習」が圧倒的に多い。

　在留外国人の在留資格を国籍別に見ると，中国国籍者の在留資格では「永住者・特別永住者」が最も多く305,009人（中国人在留者の40.7％）と高い割合である。次いで「留学」が112,243人（中国人在留者の15.1％），「技術・人文知識・国際業務」の83,033人（中国人在留者の11.2％）となっている。また，「日本人の配偶者」「日本人の子」「永住者の配偶者等」及び「定住者」の在留資格で70,505人が在留している。

　ベトナム国籍者の在留資格別人数を多い順に見ると，「技能実習1号〜3号イ・ロ」の181,957人（ベトナム人在留者の38.2％）及び「特定技能1号」の52,748人（ベトナム人在留者の11.1％）（特定技能2号の該当者はいない）などの技能実習生関連が234,705人（ベトナム国籍在留者の48.2％）と，約半数が技能実習生関連での在留者であり，これが日本に在留しているベトナム国籍者の特徴である。

　韓国国籍者の在留資格別人数を見ると，「特別永住者」が263,827人（韓国人在留者の64.0％），「永住者」が73,747人（韓国人在留者の17.9％）の合計337,574人（韓国国籍在留者の81.2％）と，韓国人在留者の場合は「特別永住者」と「永住者」が圧倒的に多いという特色がある。

　フィリピン国籍者の在留資格では，「永住者」が136,380人（フィリピン国籍在留者の46.9％），次いで「定住者」が56,216人（フィリピン国籍者の

19.3％）であり、これらの在留資格での在留者が日本におけるフィリピン国籍在留者全体の66.2％を占めている。また、「技能実習1号～3号イ・ロ」(29,537人）及び「特定技能1号」(8,681人）（特定技能2号の該当者はいない）などの技能実習関連での在留者が38,218人在留している。

2.1.4　日系ブラジル人労働者の就労環境と帰国支援制度

　本書が研究対象とする日系ブラジル人在留者数の推移を見ると、最も在留者数が多かったのは2007年であり、316,967人と30万人を超えていた。出入国在留管理庁（2022a）によれば、1990年の入管法改正直後の日系ブラジル人在留者は56,429人であり、2007年までの17年間に260,538人と、実に5倍以上も増加している。しかし、2008年以降は米国の大手投資銀行リーマン・ブラザーズが倒産したことを契機とした世界的な金融危機、加えて2011年に発生した「東日本大震災」は、「デカセギ」目的で来日していた日系ブラジル人労働者を取り巻く就労環境の厳しさに追い打ちをかけることとなった。

　それまで容易に働くことができた日系ブラジル人の労働市場では、「派遣切り」「雇い止め」といったことが日常的に行われるようになり、失業から再就職の道を開くことができないなど、彼らは厳しい就労環境に置かれることとなった。東日本大震災の発生に先んじて、リーマン・ショック直後、厚生労働省（2009）「報道発表資料：日系人離職者に対する帰国支援事業の実施について」によれば、同年2009年3月に「現下の社会・経済情勢の下、派遣・請負等の不安定な雇用形態にある日系人労働者については、日本語能力の不足や我が国の雇用慣行に不案内であることに加え、我が国における職務経験も十分ではないことから、一旦離職した場合には再就職が極めて厳しい状況に置かれることとなる」とし、母国に帰国の上で再就職の道を求めることも選択肢の1つとして、日本で再就職を断念し、母国への帰国を強く希望しつつも、帰国費用が確保できない日系人に対して、帰国支援金を申請した日系人とその扶養家族に支給（旅費相当分を航空券発売元に支払うことで、申請者本人は30万円、家族は20万円）することとする「日系人離職者に対する帰国支援制度」[2]が施行された。なお、「日系人離職者に対する帰国支援制度」は2010年で終了した。

　「日系人離職者に対する帰国支援制度」を利用した日系人の帰国者は21,675

人，うち日系ブラジル国籍者が20,053人であり，全帰国者の92.5％と圧倒的に多い。次にペルー国籍者が903人で全帰国者の4.2％，その他の日系人が719人で全帰国者の3.3％であった。このように「日系人離職者に対する帰国支援制度」を利用した帰国者で最も多く帰国したのは，日系ブラジル人労働者であった。日系ブラジル人労働者の帰国者が多く，ペルー人が少なかった理由は，元々来日していた日系人の中では，圧倒的に日系ブラジル人労働者が多かったことが考えられる。

この帰国支援制度によって帰国した者は，以後3年間は再入国できない。したがって，再入国許可も無効となり，再度来日しようとする場合には，新規に在留資格を得る必要があり，事実上，帰国後3年間は来日のための在留許可を得ることはできない。

以上のように，「日系人離職者に対する帰国支援制度」によって，母国への帰国に拍車がかかったこともあり，日系ブラジル人労働者の在留者は，2009年以降減少することとなり，出入国在留管理庁（2022a）によれば，2015年には173,038人まで減少したものの，日本経済が回復し日系ブラジル人労働者の就職機会が増大したことなどから，2016年以降増加傾向にある。2022年における在留者数は207,081人（外国人在留者全体の7.0％）と，7年間で34,043人増加している。

また，出入国在留管理庁（2022a）によれば，ブラジル人在留者の在留資格は，「永住者」が113,521人（ブラジル国籍在留者の54.8％），「定住者」が69,514人（ブラジル国籍在留者の33.6％）で，「永住者」と「定住者」がブラジル国籍在留者の88.4％を占めている。さらに，在留資格「日本人の配偶者等」16,522人を加えると，日系またはそれに関連する在留資格での在留者は，ブラジル国籍在留者の実に96.4％となる。これらのことから，日本に在留しているブラジル国籍者は，その大半が日系人とそれに関係する人たちである。

2.2 出入国管理制度の変遷

江戸幕府の鎖国政策が終わり，開国が実現し，出入国管理制度とはいえないまでも，日本人が海外へと移動した事実を前提として，明治時代から始まった日本人の海外への移動は移民そのものであり，歴史的に着目すべきことである。

すなわち，移民の歴史が出入国管理政策の歴史ともいえる。本書では日系ブラジル人労働者を研究対象にしていることから，日本人の移民の歴史と並行して，日本人の出入国管理政策について，以下の3つの時期に区分しブラジルとの移民の歴史を中心に考察する。

2.2.1　ブラジルへの移民移送

　ポルトガル王国の植民地であったブラジル（正式名称：ブラジル連邦共和国，República Federative of Brazil）が，1822年にポルトガル王国から独立を果たした以降の時期である。一方，日本は，1603年に徳川家康が江戸幕府を開いて以降，約260年間続いた江戸幕府が弱体化し，それまで堅持してきた鎖国政策[3]が崩壊し，1854年には米国との間に不平等条約といわれる「日米和親条約[4]（Japan-US Treaty of Peace and Amity）」が締結されたことにより，1866年に鎖国制度は崩壊して鎖国が解除された以降の時期である。以後，留学や商用であれば海外渡航が許されることになった。これが日本人の海外への渡航を認めた始まりでもある。しかし，この海外渡航は，あくまでも留学や商用といった，いわば一時的な渡航であり移民とは異なる（若槻・鈴木，1975）。

　日本人の海外への移民[5]の始まりは，1868年に明治政府が成立し，その年に行われたハワイ島，グアム島への移民である。これが日本人の海外移民の始まりであり，日本人が海外へ移動するといった移民移送国としての始まりでもある。今日における移民の議論は，移民を受け入れるか否かという視点での議論が中心であるが，日本における移民は，このように日本人が海外へ移住するといった移民移送国から始まっている。倒幕の末，新たに成立した明治政府は，江戸幕府の鎖国政策から資本主義へと舵を切る中で，日本人の海外移民が始まった事実により，新たな形での外国との労働力の循環移動が始まったともいえる（森，1994）。

　明治政府が行ったハワイ島，グアム島への日本人の移民は，日本が初めて国家として組織的に移民を行った最初の移民事業である。明治政府は積極的に移民政策を推進したが，この当時における移民先での日本人移民者の現状は，苛酷な労働環境であったとされている。移民を推し進めていた明治政府は，移民者の現状を把握していたにもかかわらず，さらに日本人の海外移民政策を推し

進めた。移民先での過酷な労働環境を知りながら，それでも移民を進めた理由は，明治政府が抱えていた課題があったからである。それは，明治維新後の人口増もあり，経済不況に伴う都市部と農村部の経済格差の問題であった。

　明治政府が直面していた課題を克服，解決するための政策が，「口減らし」のための甘言の下に国民を海外に移民させるというものであった。このように明治政府が推進した移民政策には，経済不況に伴う都市部と農村部の経済格差といった日本の「プッシュ要因」が存在したのである。この時期における日本は，前述したように外国人を受け入れる立場というよりも，むしろ日本人が労働力として外国に受け入れられるものであり，集団的に「出稼ぎ」を目的にした外国への移民は，第二次世界大戦前後まで続くこととなる。

　日本とブラジルの国交関係を見ると，1880年に国交樹立のための交渉を行い，1895年11月5日にパリにおいて，曾禰荒助駐仏日本公使とアルメイダ（Gabriel de Toledo Piza E Almeida）駐仏ブラジル公使との間で「日伯修好通商航海条約」（正式名称：「日本国及伯剌西爾国合衆国間修好通商航海条約」）[6]を締結したことによって正式に国交を樹立した（ブラジル日本移民史料館・ブラジル日本移民百周年記念百年史編纂委員会編，2008）。国交樹立への交渉開始から外交関係を樹立するまで15年を要したが，2015年には国交樹立120年を迎えている。この条約締結にあたっては明治政府，ブラジル双方に国交を早期に樹立させたいという思惑があった。

　明治政府の思惑とは，1895年は日清戦争で勝利を収めた直後の時期である。1853年にペリーの来航によって米国との間に結ばれた「日米和親条約（1854年）」や「日米修好通商条約（1858年）」は，日本にとって著しく不利となる不平等条約であった。約250年の長きに及んだ鎖国状態により，江戸幕府は外交に全く不慣れであった（塙，1982）。1858年には米国のほかに，オランダ，ロシア，イギリス，フランスとも同様の条約を結んでいる（安政五ヵ国条約）。1868年に樹立された明治政府にとって，条約改正は優先すべき課題となっていた。明治政府としては，アジア地域以外でいずれかの国と平等条約を締結し，それを足がかりとして欧米諸国との条約を見直したい（条約改正）という思惑があった。ようやくその願いが実現したのは1888年のことである。当時のメキシコはアジアとの直接貿易を拡大したいと考えていた。この年，メキシコのそ

のような事情に乗じて，日本はメキシコと平等条約（日墨修好通商条約）を締結している。

　日本は1880年代までは経済的に欧米諸国に強く依存した状態にあり，独自に貿易網を広げることで，不平等条約から脱却する糸口になると考えていたのである。当時のメキシコのポルフィリオ・ディアス大統領は，日本について「近年急速な進歩を遂げた近代文明国家であり，歴史的にも極めて興味深い。」と語り，日本外交の将来に明るい希望を与えているとしている（コルテス，1988）。この時期，明治政府は西欧諸国との力の差を痛切に感じるとともに，西欧勢力のアジア地域における拡大を脅威と感じていたことから，富国強兵政策を進めることを急いでいた。メキシコとの外交関係の成立以降は，1895年にブラジル，1897年にチリ，1898年にアルゼンチン，1908年にはコロンビアというように中南米諸国と次々に「修好通商条約」を締結している。

　日本はこの期間に「日清戦争」及び「日露戦争」という2つの戦争を経験したことで，欧米諸国に対する依存状態からの自立を目指そうとする中南米諸国と，欧米諸国からの脅威や差別に対抗して国力，軍事力を強化していった日本が急速に接近し，地政学的には双方にとって互いの存在が脅威にはならないということも功を奏した。それが中南米諸国との接近を可能にした要因ともいえる。このように日本と中南米諸国の協力関係が形成されていったが，一方で日本の国力増強が目立ち始めると，これが欧米列強にとっての脅威となり，日本は諸外国と対等の立場を得たと同時に，逆に「疎まれる」存在にもなった。

　日本は1904年に日露戦争に勝利し，「大国の仲間入り」を果たしたものの，決して喜べるものではなかった。当時の日本の関心事項は軍備の拡充であり，ロシアの脅威から国土を守ることであったが，「日露戦争」勝利の結果，朝鮮半島における支配権が確立することとなり，これが西欧諸国を刺激することになった。白人であるロシア人に黄色人種である日本人が勝利したことは世界中の有色人種に自信を与えたが，逆に白色人種の猜疑心を呼び起こすこととなり，「世界未曾有の人種的大戦乱」の前触れともなりかねなかった（入江，1966）。

　次に，ブラジル側の思惑であるが，ブラジルでは1822年のポルトガルからの独立以来，67年間続いた帝政に終止符が打たれて，共和制（ブラジル連邦共和国，República Federative do Brazil）に移行していた。国家体制が共和制に

変わっても，ブラジルは国家として世界的に認知度も低かったことから，新興共和国として認知度を高める必要性もあった。加えて，国内社会を近代化するといった課題もあった。1865年に米国が奴隷解放を行ったことで，奴隷制度の残る国はブラジルとキューバだけとなっていたことを受けて，ブラジルでは1871年に奴隷解放のための法制定が行われ，新しく生まれた子どもは奴隷としないことが定められ，1888年に最終的に奴隷解放が実現した。

ブラジルでは奴隷解放によって，コーヒー農園などを中心に労働力不足が慢性化し，安価な労働力を求めなければならないといった課題が生じることとなった。その課題克服のための方策が海外からの移民受け入れであり，それによってブラジル国内における労働力を充足しようとするものであった。このように，ブラジルでは移民受け入れをしなければならない「プル要因」が存在した。すなわち，日本の経済的な低迷による農村部を中心とした貧困から解放するための移民移送という「プッシュ要因（push factor）」と安価な労働力の確保が急務であったブラジルの「プル要因（pull factor）」が存在したのである。

それまでハワイ島やグアム島への移民が中心であった日本からの海外移民は，米国での東洋からの移民排斥運動もあって，ブラジルの労働力不足に伴う移民受け入れは，移民移送国としての当時の日本にとって願ってもないことであり，ブラジルが新たな移民移送の対象国となったのである。1907年にブラジル・サンパウロ州の移民局との間で，日本人移民の導入契約が締結され，1908年から本格的なブラジルへの移民が始まった。1908年の「笠戸丸」での移民が日本からブラジルへの集団移住の原点であり，初期のブラジルへの移住先は，サンパウロ州のコーヒー農場への移住であった。移住先の政府または雇用主との間に，移住契約，仕事の種類や内容，労働条件などについての契約を締結した上で，移住費用などは政府が補助して出国する雇用契約移民781人と，移住に伴う経費などの面で国家の援助を受けずに，移住者個人の自由意思での自由渡航者10人であった。

1908年に始まったブラジルへの日本人の移民は，第一次世界大戦後の不況とともに国策化していった。第一次世界大戦後の日本は，厳しい経済不況に陥り，特に都市と農村部の経済格差がひどく，農村部における不況は慢性化している状況であった。追い打ちをかけるように1923年9月に関東大震災が発生，6年

後の1929年10月には，米国を発端とする世界大恐慌が起き，日本もその煽りを受けて，一層経済不況に陥り，特に失業者問題は深刻であったことから，日本政府は余剰労働力の国外移送，すなわち国民のブラジルへの移住を国策として積極的に行うこととした。

　国策としてのブラジルへの移住は，次第にその規模が大きくなり，日本政府が移住のための経費を支給するなど，大量に移住者を送り出すこととなった。ブラジルへの移住が最も多くなったのは，1933年から1944年にかけてであり，その数は両年ともに2万人を超えている。不況を社会背景とした移民は1925年頃から増加し，第二次世界大戦によって移民が中止されるまでの間における国策としての移民政策の中には，ハワイへの出稼ぎ移民，満州開拓移民のような傀儡国家建設による移民などもある（守屋，2011）。

　第二次世界大戦によって，ブラジルへの移住は途絶えることとなったが，戦後1952年には移住が再開され，ブラジルのアマゾン，マット・グロット州などに日本人移住者が渡ることとなった。1960年には日本とブラジルの間に「日伯移住協定」が調印され，7,000人を超える移住者を送り出した。しかし，この時期は日本経済の上昇期でもあり，日本では人手不足という状況が続き，1960年にはブラジルへの移住者は1,000人を下回り，その後，バブル経済期における人手不足もあって，1993年には日本政府も国策としての移住者送出事業を事実上終了した。

　以上の経緯が本書で対象とする日系ブラジル人労働者の原点であり，今日，日本に在留する日系ブラジル人労働者の前史である（**図表2-3**）。

　日本とブラジルの間における移民の歴史は，前述したように1908年の日本からブラジルへの移民が始まりである。第二次世界大戦後の日本における出入国管理制度は，「ポツダム命令」[7]の1つとして制定・公布された「入国管理令」と「難民認定法」（総称して「出入国管理及び難民認定法」という）が原点である。

図表 2-3　ハワイ・南米への移民と日系ブラジル人労働者受け入れの歴史

時代区分	出　来　事
江戸	1854年　開国
明治（1868～1912）	1868年　明治元年　ハワイ移民 1885年　ハワイ官約移民 1886年　アルゼンチン移民 1897年　メキシコ移民 1899年　ペルー・ボリビア移民 1908年　ブラジル移民
大正（1912～1926）	1914年　第一次世界大戦 1925年　ブラジル移民国策化
昭和（1926～1989）	1936年　パラグアイ移民 1939年　第二次世界大戦 1941年　太平洋戦争 1956年　ドミニカ共和国移住 1959年　日伯移住協定 1963年　ドミニカ移住者の集団帰国 1985年　パラグアイ移住50周年
平成（1989～2019）	1990年　出入国管理及び難民認定法改正 1993年　技能実習制度創設 1994年　移住者送出業務廃止 1999年　ペルー移民100周年 2006年　パラグアイ移住70周年
令和（2019～）	

出所：筆者作成

2.2.2 戦後日本における出入国管理制度

「出入国管理及び難民認定法」は，1951年11月に施行され，以後，幾度かの改正を経て今日の入管法に至っている。第二次世界大戦の敗戦国である日本の出入国管理制度は，世界の出入国管理制度と比べてどのような特徴があるのだろうか。世界の出入国管理制度の基本を見ると，**図表2-4**のように大別できる（李，2012）。

図表2-4　世界の出入国管理制度の類型

制度の類型	制度の基本
「警察国家型」の出入国管理制度	国防，治安対策を重視した制度
「陸境国型」出入国管理制度	ヨーロッパに多い制度で，比較的柔軟な在留管理に重点を置いた制度
「海境国型」出入国管理制度	米国のように在留活動の範囲，在留期間を重視した制度

出所：李（2012）をもとに筆者作成

　日本における出入国管理制度は，戦前には出入国管理を警察，公安分野が行っていたこともあり，戦前まではいわば「警察国家型」の出入国管理制度であった。しかし，第二次世界大戦での敗戦や米国の占領政策もあって，現在の日本における出入国管理制度は，米国のように在留活動の範囲，在留期間を重視した「海境国型」を参考にして策定されたものである（李，2012）。

　第二次世界大戦後における日本の出入国管理制度は，入国者の「地位」「身分」に基づき細分され，大別すれば「就労が認められる在留資格」と「就労が認められない在留資格」に分類されている。このように大別されている理由は，外国人による労働行為そのものが，滞在国の国民（日本国民）に労働上の負の影響を与える可能性があると考えられるからであり，よって基本的には外国人の在留資格は，日本における労働行為の可否を基準としている。

　1960年代前後は高度経済成長の時期であり，人手不足が顕著であったにもかかわらず，出入国管理政策の基本的な考え方は，外国人労働者の受け入れにつ

いて厳格であった。特にアジア諸国からの労働者の入国や移民に対しては，厳しい入国制限を課すなど，日本の国境管理より厳格になされた時期であった。

そして，このような厳格な出入国管理政策は，1990年の入管法によって改められることとなる。就労の可否という視点で在留資格を見ると，在留期間中に一定の条件を満たすことによって就労が認められる在留資格は，特定技能，技能実習を含めて19種類ある。また，原則として労働行為は認められていないが，「資格外活動」の申請をすることで，一定の制限下での労働行為が認められる「留学」や「研修」，外交官の家事使用人，ワーキングホリデーなどの「特定活動」もあるため，実際に労働行為を行うことが可能な在留資格は多岐に及ぶ（**図表2-5・図表2-6**）。

図表 2-5 就労が認められる在留資格一覧表

	就労が認められる在留資格（活動制限あり）	
	在留資格別	該当する在留内容
1	外交	外国政府の大使，公使等及びその家族
2	公用	外国政府などの公務に従事する者及びその家族
3	教授	大学教授等
4	芸術	作曲家，画家，作家等
5	宗教	外国の宗教団体から派遣される宣教師等
6	報道	外国の報道機関の記者，カメラマン等
7	高度専門職	ポイント制による高度人材
8	経営・管理	企業等の経営者，管理者等
9	法律・会計業務	弁護士，公認会計士等
10	医療	医師，歯科医師，看護師等
11	研究	政府関係機関や企業等の研究者等
12	教育	高等学校，中学校等の語学教師等
13	技術・人文知識・国際業務	機械工学等の技術者等，通訳，デザイナー，語学講師等
14	企業内転勤	外国の事務所からの転勤者
15	介護	介護福祉士
16	興行	俳優，歌手，プロスポーツ選手等
17	技能	外国料理の調理師，スポーツ指導者等
18	特定技能（注1）	特定産業分野の各業務従事者（注2）
19	技能実習	技能実習生

（注1） 2019年の入管法の一部改正により，特定技能1号及び特定技能2号の在留資格が新設された。それぞれ在留期間，家族の帯同などの在留の条件が異なる。
（注2） 特定産業分野の各業務とは，特定技能での在留資格で就労可能な業種を示し，特定技能1号と特定技能2号では従事できる業種が異なる。
出所：出入国在留管理庁（2023a）をもとに筆者作成

図表2-6 就労が認められない在留資格

	就労が認められない在留資格（*）	
	在留資格別	該当する在留内容
1	文化活動	日本文化の研究者等
2	短期滞在	観光客，会議参加者等
3	留学	大学，専門学校，日本語学校等の学生
4	研修	研修生
5	家族滞在	就労資格等で在留する外国人の配偶者，子

出所：出入国在留管理庁（2023a）をもとに筆者作成

2.2.3 入管法改正後の出入国管理制度

　1990年の入管法改正以前，すなわち1980年代後半の日本は，空前の好景気（バブル経済）に沸き，それによって特に製造業を中心に単純労働力不足が顕在化し，ニューカマーといわれる「新来外国人」[8]の流入が見られるようになっていた。その要因は，1985年9月の「プラザ合意」[9]に基づく先進5か国の協調介入によって，円高・ドル安が進んだことによって，外国人労働者からすれば日本で働くことに魅力を感じるようになったからである（池上，2001）。このような外国人労働者の流入は，どのような在留資格に基づいての流入であったのだろうか。

　従来，外国人が日本で就労することが認められていた在留資格は，原則として「商用（貿易，事業活動，投資活動など）」「教授（研究，教育）」「興業」「技術提供（高度・特殊な技術・技能の提供活動など）」「熟練労働」の5つのカテゴリーのみであった。これ以外では「法務大臣が特に在留を認めた場合」として，語学，教師，翻訳，医師，国際業務などに過ぎない（渡辺，1995a）。このため，「新来外国人」の流入は日本の出入国管理制度に合致しないことになる。したがって，単純労働での就労を認めていないことから，単純労働での就労を目的とした外国人労働者のうち，主として東南アジア，南アジア，中東諸国からの流入者の多くは不法就労者であり，不法就労であるがゆえに不安定

な就労であった（池上，2001）。

　このような外国人労働者の日本流入現象の1つとして，ブラジルを中心とした中南米諸国からの「デカセギ」現象がある。その発端となったのが，1990年の入管法改正である。とはいえ入管法改正以前の1985年頃から日系ブラジル人労働者の流入はすでに始まっていた。この時期における日系ブラジル人労働者は，日本において単純労働を含むあらゆる職種に合法的に就労することが可能な日本国籍を有する1世と日本国籍とブラジル国籍の双方を有する二重国籍者の日系2世が大半であった（池上，2001）。

　当時のブラジルは，財政危機によるハイパーインフレによって，長期的な不況で国民の多くが失業状態で，社会不安が増大して国民生活は苦しい状況にあった。そのような社会不安の中で，ブラジル国民は海外へと移動（移住）することで，不安定な社会状況から逃れることを選択する者が多くなった。1985年にはブラジルからの出国者が入国者を上回る現象がそれを物語っている。

　そのような状況の中で，日本では1990年6月に入管法の改正が施行された。入管法改正では，日本の出入国管理政策が，それまで単純労働力としての入国及び定住は認めないとする原則を継続して維持し，不法就労者を雇用した雇用主に対する罰則を強化するなど，不法就労者対策を盛り込んだ一方で，日系2世，3世やその家族の定住，就労が合法化された。これによって，単純労働力を必要とする製造業を中心に，合法的に日系ブラジル人労働者などの外国人労働者を雇用しようとする需要が高まった。結果としてブラジルを中心とする中南米諸国から「デカセギ」目的の来日が急増した（池上，2001）。

　入管法改正によって，なぜ日系ブラジル人労働者が急増することとなったのか。改正された入管法では，日系2世（ブラジルを中心とした中南米諸国に移民をした日本人の子として移民先国で出生した者，日本国籍を有しない者）には，「日本人の配偶者等」という在留資格が与えられ，その配偶者や子（日系3世）など，日系2世の家族には「定住者」という在留資格が与えられるようになった。非日系の外国人であっても，配偶者が日系人であれば「定住者」としての在留が認められた。「日本人の配偶者」や「定住者」の在留資格を有する者は「永住者」「永住者の配偶者」同様に，単純労働を含めて，あらゆる職種での就労が可能とされたことが日系人に関する入管法改正の要点である（山

田・黒木, 2006)。

2.3 在留資格としての定住者の創設と技能実習制度及び特定技能制度

　入管法改正以前の1989年までの日本の外国人受け入れ政策を見ると，単純労働力としての受け入れは許可しておらず，あくまでも**図表2-2**記載の一定の在留資格に限られていた。しかし，実態としては少数ではあるものの，ブラジルから就労目的で来日した日系人の1世や，不法在留者も存在した。

　日本の出入国管理政策に大きな変化をもたらすこととなったのは，1990年の入管法改正である。この改正の注目すべき点は，新たな在留資格「定住者」を創設し，日系人に限るとはいえ，それまで頑なに拒み続けてきた単純労働力としての外国人の受け入れを認めたことである。この改正によって，単純労働力としての外国人（日系人）の受け入れを可能にしたことで，実質的に日本は「移民移送国」から「移民受け入れ国」に舵を切ることとなるが，前述したようにあくまでも表面的には日系人である。

　しかし，1993年入管法の一部改正によって，国際貢献を建前として創設された「技能実習制度」の創設では，最長5年という在留期限を設けているものの，実態としては単純労働力としての外国人の受け入れであり，移民受け入れとの考え方もある。

　東・東南・南アジア等の16か国からの受け入れが対象である技能実習生の本来の目的は，厚生労働省（2022）によれば，「我が国が先進国としての役割を果たしつつ国際社会との調和のある発展を図っていくため，技能，技術又は知識の開発途上国等への移転を図り，開発途上国等の経済発展を担う人づくりに協力することを目的とする」と明記されている。表現を変えれば「日本で身に付けた技能を母国に持ち帰って，母国の発展に役立てることが目的」ということになる。

　確かに，この技能実習制度は「研修」ではなくOJTで技能を習得していくというものであるが，制度発足以降，来日した技能実習生に対する低賃金，残業代の未払い，長時間労働など，多くの問題点があることが指摘されてきた。そのような問題点を解消すべく，政府は2018年12月の第197回臨時国会において，

「出入国管理及び難民認定法及び法務省設置法の一部を改正する法律」を成立させ公布し，2019年4月に施行した。これによって，新たな在留資格として「特定技能1号」「特定技能2号」が創設されるとともに，出入国管理行政の要で，法務省の内部部局であった「入国管理局」から，法務省の外局として「出入国在留管理庁」が新設されることとなった（出入国在留管理庁，2022a）。

「技能実習制度」と「特定技能制度」の違いは，技能実習が「技能移転を通じた開発途上国への協力」であるのに対し，特定技能は「人手の確保が困難な一定の分野（業種）において，専門性・技術を有した戦力となる外国人を受け入れることで，人手不足を解消しようとするもの」である。特定技能制度の創設によって，従来は技能実習生が実習満了後に引き続き日本に在留する方法は存在しなかったが，特定技能制度では，一定の技能評価試験と日本語検定に合格すれば，技能実習制度ではできなかった転職も可能であり，また家族の帯同も認められるようになった（**図表2-7**・**図表2-8**）。

図表2-7 技能実習の種類と内容

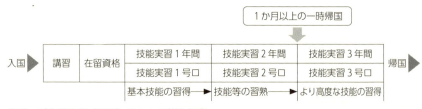

出所：厚生労働省（2022）をもとに筆者作成

図表2-8 技能実習から特定技能への流れ

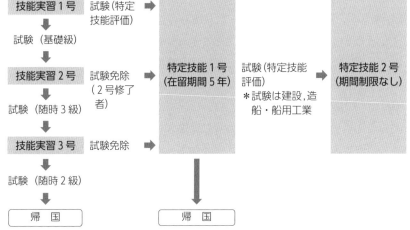

出所：厚生労働省（2022）をもとに筆者作成

　1990年の入管法改正以降の出入国管理政策においても，外国人の「移民」受け入れは容認していないとの考え方が示されてきた。しかし，この入管法改正による在留資格「定住者」の創設による日系人の受け入れ，その後の「技能実習生制度」の創設による，開発途上国への技術移転に名を借りた単純労働力の受け入れ，続いて技能実習制度の延長として，特定技能制度が創設されたことによって，技能実習生の延長による特定技能制度の適用を受けた来日外国人は，一定の要件を満たせば10年まで在留期間の延長が可能となり，同時に家族の帯同も認められる。

　これは，まさに事実上，外国人の「移民」を受け入れる出入国管理政策への転換であり，外国からの「移民」は容認しないという政府の考え方，解釈からすれば矛盾しているといわざるを得ない。本書が研究対象とする日系ブラジル人労働者は，前述したとおり入管法改正以降，大量に来日している。その後，彼らの日本での生活意識に変化はあるのだろうか。また，働き方や雇用環境に変化は見られるのだろうか。

　日本政府は，入管法改正による日系ブラジル人労働者の来日は，あくまでも短期間の「デカセギ」であり，一定期間日本で働いた後に帰国するという「循

環移動」というパターンを想定していた。しかし，実態としては政府が想定していた「循環移動」することとは異なり，むしろ，在留資格「定住者」から「永住者」へと変化した。このように，彼らの日本における在留形態が永住へと変化するということは，当然のことながら長期間日本に在留するということであり，それに伴い2000年代に入って，それまで日系2世，日系3世が中心であった世代から日系3世世代の「子」である日系4世が増えてきたことが，「永住」へと拍車をかけることとなった。

当時の入管法の解釈では，日系4世は原則として就労は認められなかったが，当時の法務省入国管理局は，日系4世の増加への対応策として入管法の解釈を変更し，それまでは20歳を超える日系人は，日系人以外の外国人扱いであったが，20歳を超えても日系3世の「子」とする扱いとし，日本での在留と就労を認めることにした。これらのことを日系ブラジル人労働者に置き換えれば，彼らの日本永住や4世世代の増加などは，政府の想定とは異なるもので，「意図せざる結果」である（近藤，2005）。

日系ブラジル人労働者が大量に来日するようになって30年以上が経過した今日においても，彼らの日本「永住」化はさらに進展している。出入国在留管理庁（2022）の「国籍・地域別・在留資格（在留目的）別在留外国人」によれば，日本に在留している日系ブラジル人（207,081人）を在留資格別に見ると，永住者は113,521人で全在留者の54.8％，これに日本人の配偶者等及び永住者の配偶者等21,647人（10.5％）を加えると，全在留者のうち135,168人（65.3％）が在留資格「永住者」もしくはそれに関係する在留資格ということになる。在留資格「定住者」が69,514人（33.6％）であるから，言い換えればこれらの在留資格以外の在留資格（例えば高度専門職，介護，技能実習，特定技能など）で在留している日系ブラジル人は，全在留者207,081人の2％未満に過ぎないことになる。

日本に在留している日系ブラジル人の65.3％が在留資格「永住者」やそれに関連する在留資格であるという事実は，言い換えれば母国への帰国の意思は低いものと推察できる。彼らの日本での在留に伴う意識は，「定住」から「永住」へと確実に変化しているのである。

「永住」化した日系ブラジル人労働者は，どのような地域に住み，どのよう

な働き方をし，どのように暮らしているのだろうか。彼らの居住地域を見ると，彼らの就労の場が容易に確保できる工業地域，製造業集積地とリンクした地域に集住している。

集住している地域は，特に輸送機器関連，電器製品関連，楽器製造関連などの世界的メーカーやそれを取り巻く中小下請製造業の集積地である。日系ブラジル人労働者の集住地を見ると，法務省（2022）によれば，愛知県，静岡県，三重県，群馬県などである。これらの地域の中でも群馬県邑楽郡大泉町は，総人口が41,729人に対して日系ブラジル人居住者は4,612人（11.1％）と，約10人に1人が日系ブラジル人という，他の地域には見られない集住地である（大泉町，2023）。また，静岡県浜松市は，日系ブラジル人居住者が9,648人（2007年には19,461人が在住していた）と，日本の都市の中で最も居住者数の多い都市である（浜松市，2022b）。

2.4　小　括

日本における在留外国人数は，2019年12月からの新型コロナ感染症の影響を受けて一時的に減少したものの，2022年以降増加傾向にあり，在留者の国籍についても多様化と変化が見られる。現状における在留状況では，2019年の入管法の一部改正によって，「特定技能制度」が設けられたこともあり，ベトナム国籍者や中国国籍者が増加している。

一方で，本書が対象とする日系ブラジル人労働者は，2007年には約30万人を超える在留者数であったが，2008年のリーマン・ショックを契機として減少し，出入国在留管理庁（2022a）によれば，207,081人まで減少している。減少した要因は，リーマン・ショックの影響による製造業を中心とした企業の不況を受け，日系ブラジル人労働者を中心に，外国人労働者が「解雇」「派遣切り」で再就職ができない状況となったことが挙げられる。加えて，再就職が困難な日系ブラジル人労働者（日系ペルー人労働者などを含む）に対し，帰国費用の運賃を日本政府が負担する「帰国支援制度」を設け，彼らの帰国を促したことも帰国者数の増加に拍車をかけた。

外国人労働者の移民の歴史を見ると，移民をする国の間にそれぞれ移民を促進する「プッシュ要因（push factor）」「プル要因（pull factor）」が存在する。

基本的な「プッシュ要因（push factor）」は，移民送出国の経済の低迷であり，受け入れ国の「プッシュ要因（push factor）」は好景気がもたらす人手不足である。

本章では，そのような視点で日本とブラジルの間における移動（移民）の歴史を述べた。今日，日本に在留している日系ブラジル人労働者は，1990年の入管法改正で在留資格「定住者」が新設されたことによって，「デカセギ」を目的に来日して現在に至っている。

それ以前は，1908年から始まった日本人のブラジルへの移民というように，日本とブラジルの間における移動（移民）において，日本は移民移送国（送り出し国）であった。このようなブラジルへの日本人の移民は，第二次世界大戦などで中断はしたものの，1960年代まで続いた。移民移送国（送り出し国）であった日本が，移民受け入れ国に変化したのは，1980年代後半から1990年代初頭のバブル経済期において，人手不足という「プル要因」が生じたことによる。移民移送と移民受け入れの時期には若干の重複があるが，日本政府が国策として行ってきた移住者移送制度は1993年に事実上終了した。

1990年の入管法改正以後「デカセギ」を目的に来日した日系ブラジル人労働者は，1908年以降，ブラジルへ移民をした日本人の子孫である。本章では，日本における出入国管理政策を大別して3期に区分して述べた。本書が研究対象とする日系ブラジル人労働者は，多くが製造業に就労しており，中でも中小製造業において製造現場を担う貴重な労働力となった。その原点は1990年の入管法改正によるところが大きい。

■注
1　2018年12月8日，「第197回国会（臨時国会）」において，「出入国管理及び難民認定法及び法務省設置法の一部を改正する法律」が可決成立し，12月14日に公布された（平成30年法律第102号）。この改正法は，在留資格「特定技能1号」「特定技能2号」の創設，出入国在留管理庁の設置等を内容とするものである（2019年4月1日施行）。
2　2009年3月以前に日本に入国して在留，就労して，その後離職した日系人（南米諸国の国籍を有する者）であって，日本での再就職を断念し，母国に帰国した後，当分の間，同様の身分に基づく在留資格による日本への再度入国する意志を有しないこととした者

及びその家族に対して，一定額の帰国支援金を支給した制度．
3 　従来の鎖国の解釈は，日本が外国との交流を遮断し，国内を自己完結的に保つための政策として説明されることが一般的であった．しかし，近年では，鎖国が一概に閉鎖的であったというイメージが修正されつつあり，徳川幕府が一定の条件下でオランダや朝鮮などとの貿易を行っていたことや，日本国内においても文化や知識の交換が行われていたことが新たな視点で取り入れられるようになっている．
4 　1854年に日本と米国との間で締結された両国の友好条約で，この条約によって日本は下田と函館の2港を開港し，実質的に日本の「鎖国体制」が終わることとなった．
5 　国際移住機関（IMO）によれば，移民とは本人の法的地位や移動の自発性，理由，滞在期間にかかわらず，「本来の居住地を離れて，国境を越えるか一国内で移動したあらゆる人」をいう．
6 　1895年に日本とブラジルの間で初めて結ばれた対等条約．日本側大使は曾禰荒助駐仏日本公使とブラジル側大使のガブリエル・デ・トレド・ピザ・エ・アルメイダ（Gabriel de Toledo Piza e Almeida）駐仏ブラジル公使の間で締結された．
7 　1945年9月の緊急勅令「ポツダム宣言の受諾に伴い発する命令に関する件」に基づいて発せられた命令をいう．連合国指令長官の命令を実施するために，勅令，閣令，省令の3種があった．1952年のサンフランシスコ講和条約発効とともに廃止となった．
8 　「新来外国人」との表現は，駒井（1998a）「新来・定住外国人資料集成・上巻」による．
9 　1985年9月，米国・ニューヨークのプラザホテルにおいて，G5の大蔵大臣（米国は財務長官）と中央銀行総裁が合意した為替レートの安定化策．これにより強調して円高ドル安に為替レートが誘導された．

第3章

日系ブラジル人労働者の就労実態に関する研究

3.1 先行研究の背景

　1985年のプラザホテルで開催された当時のG5（日本，米国，イギリス，ドイツ，フランスの蔵相・中央銀行総裁会議）によって，過度なドル高の是正を目的とした，外国為替市場での協調介入，協調行動への合意がなされた。これ以降の円高を背景にして日本への「デカセギ」が一気に増加することとなった。この時期の日本はバブル景気の最中で，空前の好景気に沸いており，中小製造業などでは人手不足が深刻であった。一方，ブラジルではハイパーインフレーションであり，1989年には年間1,700％の物価上昇率を記録し，その後1993年まで2,000％を超えるハイパーインフレーションが続いた。日本では入管法が改正されて，日系人の在留資格「定住者」が創設されたことで，就労に制限を設けない入国が認められるようになった。

　以上のように，「デカセギ」を増加させるブラジルのプッシュ要因と日本のプル要因があり，それが日系ブラジル人の日本への「デカセギ」を急増させることとなった。1980年代後半からのブラジルやペルーなど，中南米諸国を中心とした国々からの日系人の来日は，1990年の入管法改正を契機として急増し，2008年のリーマン・ショックに端を発した世界的な経済不況までの約20年間続いた。

　それに伴って，本研究が対象とする日系ブラジル人労働者に関する調査研究も大きく増加し蓄積がなされた。また，日系ブラジル人労働者に視点を当てた就労実態やそれに伴う問題点に関する分野，間接雇用などの雇用形態に関する

分野，固定化された労働階層に関する分野，転職行動に関する分野，彼ら日系ブラジル人の集住化，定住化さらには永住化の進展に伴った多文化共生という視点など，様々な分野及び視点から調査研究が行われてきた。

世界同時不況や東日本大震災による経済危機は，日本の製造業に深刻な不況をもたらし，日本で就労する日系ブラジル人労働者の就労にも大きな影響を与えたことから，彼らへの「派遣切り」など失業問題，労働問題に視点を当てた研究が多く行われるようになった（丹野，2009：稲葉・樋口，2013など）。世界同時不況が日系ブラジル人労働者に影響した労働問題などの研究の特徴は，「派遣切り」以後，日系ブラジル人労働者が就労の場を得られず，再就職の道が開かれなかったことで，多くの帰国者を出したことに視点を置いた研究もなされた（樋口，2010）。

また，世界同時不況に端を発した労働問題から多くの帰国者を出したことから，それに伴う政府の移民政策や地方自治体における「多文化共生」の在り方について検証しようとする研究も試みられた（樋口，2010：山本・松宮，2011など）。

「多文化共生」の在り方については，リーマン・ショックや東日本大震災以降，地方自治体においても政策としての取り組みがなされるようになった。静岡県浜松市では，移民によってもたらされる文化的多様性を，脅威ではなくむしろ好機と捉え，都市の活力や革新，創造，成長の源泉とする新しい都市政策を推進すべく，「インターカルチュラル・シティ（Intercultural City）」[1]にアジアで初めて加盟をした。

本章では，中小製造業が日系ブラジル人労働者を雇用するにあたり，彼らを基幹労働力として活かす方策としての調査研究がどのようになされてきたのかという視点で先行研究をレビューする。

3.2 日系ブラジル人労働者の就労実態に関する先行研究

3.2.1 雇用形態の4タイプ

渡邊（2004a）は，日系ブラジル人労働者に関する就労実態に関する先行研究から，彼らの就労実態は雇用形態ごとに4つのタイプが存在していると論じている。

4つのタイプとは，第1に「現に就労している就労先の企業から直接雇用さ

れ，その企業との間に雇用契約が存在し，そこで一緒に直接雇用されている日本人正社員と同等の立場にある，すなわち直接雇用の正社員」という雇用形態の下で就労している場合，第2に「第1のタイプと同じように就労先企業から直接雇用され，就労先企業と雇用契約が存在しているが，正社員ではなく嘱託社員，パート社員，アルバイト社員，期間工，季節工といった非正規社員」といった雇用形態の下で就労している場合，第3に「現に働いている職場の就労先企業から直接雇用されているのではなく，就労先企業と業務請負契約を締結している業務請負会社に雇用され，社外工として就労先企業で働いている社員」といった雇用形態の下で就労している場合，第4に，第3のタイプと同様に現に就労している企業の社員ではなく，「就労先企業と人材派遣契約を締結している人材派遣会社から就労先企業に派遣社員として派遣されている社員」という雇用形態で就労している場合である。

これらの4つのタイプの中で，第1のタイプと第2のタイプは，雇用上の身分は異なるものの，現に就労している企業から直接雇用されており，その企業と雇用契約が存在する雇用形態である。一方，第3のタイプ及び第4のタイプは，現に就労している企業の社員ではなく，あくまでも彼らの雇用上の身分は，業務請負会社や人材派遣会社の社員であって，就労先企業との間には雇用契約が存在しない，いわゆる「間接雇用」という雇用形態の下で就労している雇用形態である。

渡邊は，厚生労働省（2004）のデータ「外国人労働者の雇用管理のあり方に関する研究会報告書」をもとに，全国の事業所で就労している日系ブラジル人労働者の在留資格や職種などを詳細に調査し，その結果からブラジル人労働者の約6割が第3，第4のタイプであり，就労先企業との直接の雇用契約が存在しない「間接雇用」という雇用形態で就労していたことを明らかにしている。これらのことから日系ブラジル人労働者の就労実態は，「間接雇用」という不安定労働層に位置付けられており，それが日系ブラジル人労働者の雇用形態の特色であるとしている。

3.2.2 求人動向と賃金などの実態

橋本（2009）は日本で就労する日系ブラジル人労働者の就労実態について，

彼らが日本において「どのような労働市場に組み込まれているか」というデータが極めて少ないことから，それを把握するために日本に居住している日系ブラジル人を対象にして2010年まで発行されていた週刊新聞「インターナショナル・プレス，ポルトガル語版（Jarmal international press-Educa cm Portugues）」[2]の求人広告に着目し，その求人広告の内容をもとに，日系ブラジル人労働者に対する求人動向と賃金情報を収集し，データベース化している。

それは日系ブラジル人労働者に限定されたものとはいえ，外国人労働者の賃金の実態を時系列かつ地域網羅的に明らかにした初のデータであると論じており，求人動向や賃金情報から日系ブラジル人労働者の雇用形態や就労実態を推察することも可能である。

従来，就労実態等の研究の多くは，実態調査を行い，その上で帰納的推論を導き出すといった研究手法が中心であり，研究データに基づいて客観的事実を示すものとして評価されるものであるといえよう。そして，研究結果として，日系ブラジル人労働者を「間接雇用」している企業側の視点から，なぜ彼らを「間接雇用」という雇用形態で雇用しているのかについて，景気変動による生産調整に対応するため「間接雇用」し，その結果日系ブラジル人労働者の雇用は，需要サイドの事情から，日本人労働者よりもはるかに不安定となり，日本の労働市場における不安定労働層として位置付けられているとしている。

日系ブラジル人労働者の失業は，「デカセギ」で来日している彼らにとって深刻な問題である。これに関する研究では，日本が経済的に大きな影響を受けた2008年のリーマン・ショックに端を発した世界同時不況，2011年の東日本大震災後の日系ブラジル人労働者の失業問題が挙げられる（丹野，2009：稲葉・樋口，2013など）。このような影響の大きな事象による失業は，何も日系ブラジル人労働者などの外国人労働者だけに起こり得ることではなく，日本人労働者にも同じように起こり得る。

3.2.3　間接雇用と派遣切り・雇い止め

しかし，ここで着目すべき問題は，彼ら日系ブラジル人労働者がそれらの社会的影響以前に「間接雇用」といった不安定労働層に置かれていることであり，それは日本人よりも彼らが失業後の再就職先を容易には得られないということ

を意味している。

　結果として，このような社会的影響の大きな事案が発生した場合，急激に縮小した輸出依存度の高い自動車，電機産業など，日系ブラジル人労働者が多く就労している産業で，派遣社員や請負社員，非正規社員が「派遣切り」「雇い止め」「解雇」などをされることとなり，そこに集中していた日系ブラジル人労働者の大量失業が生じた。しかも，その多くが失業から再就職の道を開くことができなかった（樋口，2010）。

　このように，日系ブラジル人労働者の就労実態が「間接雇用」などの不安定な就労環境に置かれているとする論文は多数ある（大久保，2005：近藤，2005：鈴木，2021：上林・山口・長谷川，2022など）。

3.2.4　就労現場での日系人の位置付け

　日系ブラジル人労働者に関連する外国の先行研究において，外国人労働者の受け入れに関する日本人の感覚については，1990年以前は不法滞在のイラン人やバングラデシュ人などが大半で，彼らは社会的交流の場からは排除された存在であったというものであった。一方，1990年の入管法改正を契機に，合法的に来日した日系ブラジル人労働者の場合は，外国人労働者という位置付けではあるが，日本人と血縁関係にある日系人であり，日本人にとって完全な日本人ではないが，かといって完全なよそ者でもないという中途半端な存在であると論じている先行研究もある（Barna，1994：津田，1999）。

3.3　日系ブラジル人労働者の雇用形態と労働階層の固定化に関する先行研究

　日系ブラジル人労働者が間接雇用や非正規雇用などの不安定な雇用形態から，なぜ抜け出せず，そのままで固定化されているのだろうか。その要因について，彼らの就職，転職ルートや主な就労先である中小製造業における採用ルートに人材派遣会社が介在し，それらの就職・転職ルート，採用ルートに偏重していることであるとする先行研究は存在する。しかし，彼らまたは中小製造業はなぜ人材派遣会社を介した就職・転職，採用に偏重するのかを論じた先行研究は少ない。

3.3.1　雇用形態と労働階層

　大久保 (2005) は就労現場における日本人正社員と日系ブラジル人労働者の職務上の地位や仕事の役割を比較して，その違いについて考察している。すなわち，日本の労働市場において企業が求める日系ブラジル人労働者の地位や役割は，日本人労働者に求める職務上の地位や役割とは全く異なり，日本の製造業に見られる特有の幾重にも重なる「重層的下層構造」[3]の再生産を底辺部分で支えることであるとしている。

　それは，従来から日本人労働者が担い支えてきた職務上の地位や役割，果たすべき機能に代わる存在になってもらうことに日系ブラジル人労働者としての存在価値があるとしている。言い換えれば，彼らは企業における製造現場で，いつでも企業の業況に応じて雇用調整が可能な「縁辺労働力」でなければ存在意義はないのである。正社員として雇用している日系ブラジル人労働者がいるものの少数であり，企業側にとって彼らを派遣・請負社員といった「間接雇用」やパート社員，期間工，季節工などの「非正規雇用」などで雇用し，そのような労働階層に位置付けることが，日系ブラジル人労働者を雇用する場合，日本の労働市場では必然的なのである。

　浅川 (2007) は，日系ブラジル人労働者に求められる労働市場での地位は，「従属的下層構造」[4]での再生産を担い，基幹労働力ではなく周辺的，縁辺的な労働力としての役割を担うことであるとし，すでに序列化，階層化が構造化されている不安定就業層の中にあると指摘している。これは大久保 (2005) が論じている「重層的下層構造」の再生産を底辺部分で支える存在であることに意義があるとの主張である。すなわち，2次下請けや3次下請けなど，製造業の幾重にも重なり合う下請企業において，しかもその底辺部分を支える存在であるとしているのである。

3.3.2　間接雇用と雇用の調整弁

　近藤 (2005) は，1990年代初頭のバブル経済崩壊後においても，日本の労働市場における製造業の雇用構造そのものが「安価で，フレキシブル (flexible)」な労働力を必要としたため，それに合致する日系ブラジル人労働者を日本人労

働者とは異なる存在に位置付け，直接雇用しないことで，いつでも「解雇」「雇い止め」といった雇用調整ができ，そのような雇用形態で就労させることにより，企業が求める「安価でフレキシブル (flexible)」な「雇用の調整弁」として雇用することが「間接雇用」に彼らが固定化され続けている要因でもあるとしている。

3.3.3 間接雇用への固定化要因

早川（2022）は，日系ブラジル人労働者が「間接雇用」といった不安定就労層に固定化され続けている要因として，丹野（2000），梶田（2002）らが指摘する人材派遣会社や業務請負会社の介在に加えて，日系ブラジル人労働者が再就職や転職をする際の求職ルート（仲介者）をハローワークや国際交流協会などの公的機関への求職相談が少ない一方で，多くは人材派遣会社や業務請負会社，派遣社員として働いている家族，同国籍の友人や知人にそのような相談を求めていることに固定化の要因があると指摘している。

3.4 日系ブラジル人労働者の転職行動に関する先行研究

3.4.1 人材派遣会社等が転職行動に与える影響

日系ブラジル人労働者が頻繁に，しかも短期間のうちに転職を繰り返すのはなぜかについての検証は，近年では少ないものの，これまでにいくつかの要因を挙げながら議論がなされてきた。山本（1994）は，日系ブラジル人労働者394人に対するアンケート調査の結果から，彼らの頻繁な転職行動の要因は，就労先企業における雇用形態が直接雇用か，人材派遣会社や業務請負会社からの勧誘による間接雇用かによって左右されるとしている。

具体的には，日系ブラジル人労働者への質問項目「どのようにして日本で仕事を見つけたか」について，人材派遣会社または業務請負会社からの勧誘によって仕事を見つけた者で転職を経験したことがある者が49%であったのに対し，就労先企業から直接勧誘された者で転職を経験した者は21%に過ぎなかったことを根拠に，派遣社員，請負社員などの間接雇用であることに日系ブラジル人労働者の転職行動を招く要因があると指摘している。

すなわち，就職先を見つける場合の紹介ルートの違いが，その後の彼らの転職行動に影響を及ぼしていることを明らかにしている。

3.4.2　不安定就労と転職行動

早川（2020）は，調査結果をもとに日系ブラジル人労働者の頻繁な転職行動は，派遣社員や請負社員などの「間接雇用」といった不安定な雇用環境が要因であると指摘している。

3.5　ブラジルにおける「デカセギ」紹介ルートに関する先行研究

3.5.1　「デカセギ」ブームと紹介ルートの類型

近藤（2005）は，日系ブラジル人労働者の「デカセギ」ブームについて，1985年のプラザ合意以降の円高を背景にして日本への「デカセギ」者が増加し，日本への「デカセギ」ブームが起こったとしている。

1990年の改正入管法以降，2008年の世界同時不況に至るまで，中南米の国々を中心に日系人が「デカセギ」目的で日本を目指した。日系ブラジル人が日本へ「デカセギ」で来日しようとする場合，日本での就職先を得るためのルートにはどのようなものが存在し，それはどのような仕組みになっていたのだろうか。佐野（2003）は，これについての制度化された仕組みは，受け入れ国である日本にも，移送国であるブラジルにもなく，法律的にも整備がなされていなかったため，不明瞭な点が多く実態の把握が困難であって，アンダーグラウンド化している部分が多いと指摘している。

1993年に当時の労働省（現・厚生労働省）の外郭団体であった日本労働研究機構（現在の労働政策研究・研修機構）が行ったブラジルでの現地調査に関する報告書「日系人労働者の需給システムと就労経験―出稼ぎに関するブラジル現地調査を中心に」をもとに，近藤（2005）は，日系ブラジル人労働者の就労（または転職の場合を含む）ルートについて類型分けをしている（図表3-1・図表3-2・図表3-3）。近藤（2005）は，日系ブラジル人がブラジルから日本に「デカセギ」を目的に来日，就労する場合の基本的なルートは縁故募集に

よる紹介ルート（縁故募集型）であり，就労可能な日系ブラジル人労働者の多くが縁故募集によって需給調整がなされていたとする（図表3-1の1のパターン）。

次に，ブラジル現地での就職紹介ブローカーを介した（ブラジル・ブローカー介在型）紹介ルート（図表3-1の2のパターン），日本の人材派遣会社のブラジルでの窓口を介する（派遣会社の現地駐在員経由型）紹介ルート（図表3-1の3のパターン），主に1990年の改正入管法以降のルートとしては，文書募集（現地の新聞等の広告媒体）による（文書募集型）紹介ルートがある（図表3-1の4のパターン）。

これらの募集（紹介）ルートを見ると，共通する点として必ず日系ブラジル人労働者と日本での就労先企業との間に，企業採用担当者のブラジル現地での友人，就職紹介ブローカーや人材派遣会社，ブラジル現地の駐在員，現地の募集媒体といったものがあり，「デカセギ」希望者が直接日本の就労先企業とは接していないことである。介在者の存在が，佐野（2003）がいう不明瞭な点が多く実態の把握が困難であって，アンダーグラウンド化していると論じているゆえんである。

1990年代のブラジルでの「デカセギ」ブームの頃の複雑で不明瞭だった日系ブラジル人労働者の就職紹介ルートは，徐々に変化して簡素化されるようになっていった。「デカセギ」ブーム以降，次第に中間介在者を除き「直接化」されていくこととなるが，一気に「直接化」されたというよりも徐々に段階を経ながら「直接化」していくこととなる。まずは若干の「簡素化」がされた後に「多重化」を経ながら就職受け入れルートの「直接化」そして「簡略化」へと変化していった。

日系ブラジル人労働者の日本への「デカセギ」ルートは，紹介ルートの構造的変化の中で「デカセギ」のための来日を実現してきたのである。日本に在住する中で日系ブラジル人労働者が来日当初の就労先で継続して働くケースは稀で，高賃金好待遇の就労先を求めてむしろ来日後短期間のうちに転職することが多い。

図表3-1 ブラジルにおける募集ルートの類型

パターン	類 型	類型の内容
1	縁故募集型	企業担当者の知人等に求職するルート
2	ブローカー介在型	就職紹介ブローカーが介在するルート
3	現地駐在員経由型	人材派遣会社現地窓口を介したルート
4	文書募集型	現地の新聞などの広告媒体によるルート

出所:近藤(2005)をもとに筆者作成

図表3-2 日系ブラジル人の就労ルート基本類型

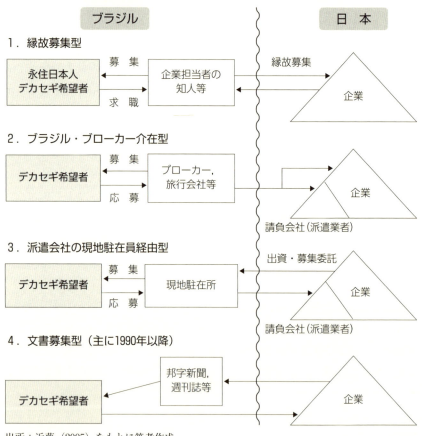

出所:近藤(2005)をもとに筆者作成

図表 3-3 デカセギブーム以降の日系ブラジル人労働者の就職ルート

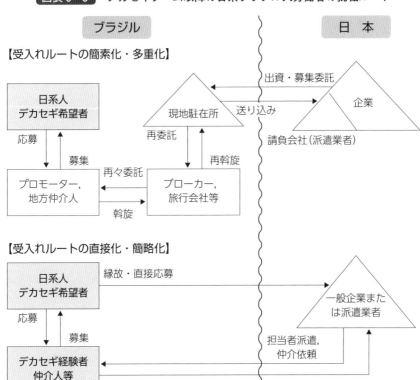

出所：近藤（2005）をもとに筆者作成

3.5.2 来日以降の転職と間接雇用

　近藤（2005）は，来日後の転職と3つの紹介パターンについて論考している。ブラジル現地における「デカセギ」募集ルートを経て来日した日系ブラジル人労働者の，来日以降の就労の実態を見ると，彼らは来日当初の就労先で継続して働くケースは稀で，むしろ来日後短期間のうちに転職することが多い。すなわち，高賃金，好待遇の働き先を求めて頻繁に転職することが日常的であった（渡辺，1995a）。では，彼らは転職のための就職紹介ルートをどこに求めて，転職を実現しているのだろうか。

第1のパターンは，人材派遣会社を介したパターンである。この場合は，人材派遣会社から人材派遣会社へと渡り歩くこととなり，必然的に雇用形態も派遣社員・請負社員といった「間接雇用」から抜け出すことができないこととなるとしている。

　第2のパターンは，家族，同国籍の友人・知人などの転職先のパターンである。この場合，紹介者である家族や同国籍者も人材派遣会社で派遣社員，請負社員などで働いているケースが多いことから，紹介先も人材派遣会社となることが多く，この場合も「間接雇用」から抜け出すことができないパターンとなる。すなわち，転職に際してこれらの紹介ルートの利用を繰り返すことが，「間接雇用」という不安定就労層に固定化される要因でもあると指摘している。

　第3のパターンは，ハローワークや彼らを支援する交流協会などの公的機関を介しての就職・転職である。この場合は，「間接雇用」よりも直接雇用で，しかも正社員として採用されているケースが多く，就職・転職後の転職も少ない。また，就職・転職希望者が直接応募するケースもあるが稀であると論じている（図表3-4）。

3.6　日系ブラジル人労働者の再就職・転職紹介ルートに関する先行研究

3.6.1　中小製造業と人材派遣会社等の関係

　日系ブラジル人労働者が日本で再就職・転職しようとする場合，紹介ルートをどこに求めているのかに論点を置いた先行研究は少ない。それは，彼ら日系ブラジル人労働者の多くが人材派遣会社に雇用されている派遣社員であり，請負社員といった「間接雇用」であるからである。すなわち「間接雇用」という雇用形態で働くということは，人材派遣会社との間に雇用契約が結ばれるということであり，人材派遣会社が派遣契約を締結している企業が実際の就労現場となる。だから「間接雇用」なのであり，必然的に再就職・転職して人材派遣会社に入社となれば，その紹介ルートは人材派遣会社ということになる。このことは，紹介ルートを論点とした先行研究が少ない理由となっている。

　人材派遣会社が日系ブラジル人労働者の再就職・転職に介在し，1990年代以

降の「デカセギ」ブームの中で急激に成長してきた背景には，人材派遣会社が中小製造業を中心に単純労働力としての日系ブラジル人労働者を派遣社員として送り込むことで，従来になかった人材派遣ビジネスが成立することとなったことがある。一方で，増産に増産を重ねていた中小製造業は，人材派遣会社からの労働力派遣を受けることで，生産変動に際して，外部社員（派遣社員）により生産量と労働力の調整を行うことが可能となった。この労働力の需給調整を行うために外部人材を活用することが，一般的なメリットである（上林・山口・長谷川，2022）。

図表3-4　来日以降における日系ブラジル人労働者の転職紹介ルート

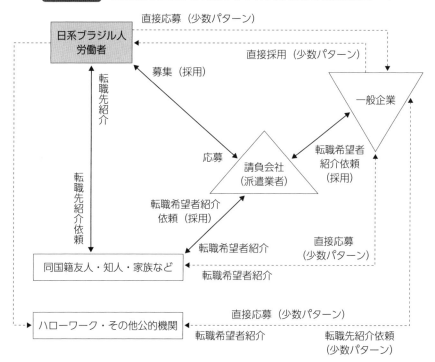

注：実線で結ばれた関係は，転職紹介ルートとして多いパターン，破線で結ばれた関係は，転職紹介ルートで活用が少ないケースを示す。
出所：近藤（2005）をもとに筆者作成

3.6.2　日系ブラジル人労働者と人材派遣会社等の関係

　橋本（2009）は，日系ブラジル人労働者が間接雇用という「不安定な雇用環境」に置かれている要因の一部に，人材派遣会社や業務請負会社の存在を挙げている。言い換えれば人材派遣会社や業務請負会社が，日系ブラジル人労働者を求人しているということであり，一方で，日系ブラジル人労働者も自ら人材派遣会社や業務請負会社に再就職や転職のためのルートを求めているといえる。

3.6.3　人材派遣会社等の介在と間接雇用

　近藤（2005）は，日系ブラジル人労働者の就労ルートについて，法整備がなされておらず，アンダーグラウンド化している側面が強く実態が把握しにくいとし，佐野（2003）らが行った現地調査をもとに，いくつかの募集（就労）ルートを類型化して，日系ブラジル人労働者と企業との間にブローカー，人材派遣会社，現地の募集媒体などが介在していることを明らかにしている。近藤は，サンパウロなど大都市圏の日系人社会を中心に「デカセギ」ブームが起こり，それによってブラジルの日系人集団移住地においては空洞化問題（地域の働き盛りの日系人が日本へ「デカセギ」に行ってしまうことで地域の過疎化が進む）が顕在化し，大都市圏の日系人労働者供給力は低下していったと，ブラジル現地で起こった問題について論じている。

　また，近藤は，日系ブラジル人労働者の再就職・転職の紹介ルートとして人材派遣会社が介在していることが，日系ブラジル人労働者が「間接雇用」による就労を繰り返す要因の1つにもなっていると指摘している。しかし，日系ブラジル人労働者の労働力を必要とするのは，あくまでも企業側（中小製造業）であり，企業（中小製造業）が彼らを派遣社員として雇用することが前提である限り，日系ブラジル人労働者の再就職・転職紹介ルートに人材派遣会社が介在し続けることとなる。先行研究では，人材派遣会社が介在していることが，日系ブラジル人労働者を「間接雇用」という不安定労働層に位置付ける要因であるということまでは論じているが，なぜ企業側（中小製造業）が人材派遣会社を介在させた「間接雇用」に偏重するのかについては論じられていない。

3.7 小　括

　本章では，日系ブラジル人労働者の就労実態に関する先行研究，雇用形態と労働階層の固定化に関する先行研究，転職行動に関する先行研究，ブラジルにおける「デカセギ」紹介ルートに関する先行研究，再就職・転職紹介ルートに関する先行研究についてレビューした。小括すると以下のようになる。

　第1に，日系ブラジル人労働者の就労実態に関する先行研究では，渡邊（2004a）が指摘しているように日系ブラジル人労働者の就労実態については，雇用形態には4つの形態があること，人材派遣会社から派遣された派遣社員，請負社員という就労先企業との間に雇用契約が存在しない「間接雇用」が多いこと，橋本（2009）がいうように，日本の労働市場における日系ブラジル人労働者は，不安定労働層に位置付けられていることが判明した。

　また，リーマン・ショックに端を発した「世界経済危機」，あるいは「東日本大震災」後の日系ブラジル人労働者は，「間接雇用」であるがゆえに再就職の道が開けなかったことから，失業問題から不安定な就労環境に置かれていた。先行研究では，結果として，日系ブラジル人労働者の就労環境は「間接雇用」を軸とした不安定就労層であると位置付けている。

　第2に，日系ブラジル人労働者の雇用形態と労働階層の固定化に関する先行研究では，労働現場における日系ブラジル人労働者の位置付けは，職務遂行能力以前に，重層的下層構造の中で，その底辺部分の労働を担う存在であり，日本人社員とは異なる立場に置かれていた。このことは「間接雇用」や「非正規社員」に固定化されることを意味しているし，実際にそのような雇用形態という就労環境にあることが判明した。

　日系ブラジル人労働者が間接雇用に位置付けられ続けているのは，日本の労働市場における中小製造業の雇用構造（雇用に対する考え方）が，日系ブラジル人労働者は日本人労働者とは異なり，安価な労働力として雇用するものという考え方が根底にあると先行研究では指摘している。

　第3に，日系ブラジル人労働者の転職行動に関する先行研究では，転職行動そのものは，「終身雇用」や「年功序列型」といった従来からの日本の労働文化での雇用形態とは異なるブラジル特有の労働文化（ブラジルから見れば日本

の労働文化が特有かもしれない）が背景にあり，転職行動そのものは日常的にあり得ることであるという考え方で，必ずしもブラジルの労働文化をもって転職行動が日常的であるとはいえないとする先行研究もあった。また，日系ブラジル人労働者が日本で「間接雇用」という雇用形態の就労環境に置かれていることが転職行動に関連しているという先行研究もあった。

結果として，文化的な違いと置かれている就労環境のいずれかが日系ブラジル人労働者の転職行動に結び付いているという2つの考え方があるが，ブラジル出身の日系人であるアンジェロ・イシは「いくらなんでも数か月で転職することはない」としている。

第4に，ブラジルでのデカセギ紹介ルートに関する先行研究として，近藤（2005）は，日本への「デカセギ」紹介ルートを4つに類型化した。1990年の入管法改正から2008年の世界同時不況に至るまで，ブラジルにおける日本への明確な「デカセギ」紹介ルートについては制度化されたものは存在せず，日系ブラジル人労働者と企業採用担当者の現地の友人，就職紹介のブローカーや人材派遣会社，現地の募集媒体などであった。「デカセギ」希望者が直接日本の採用先企業と接していないことから，紹介ルートがアンダーグラウンド化していた。ブラジルでの就職紹介ルートは，「デカセギ」ブーム以降，「若干の簡素化」から「多重化」を経て徐々に中間介在者を除き，「直接化」「簡素化」へと変化していった。

第5に，日系ブラジル人労働者の再就職・転職紹介ルートに関する先行研究では，彼らが来日後に再就職する場合や，転職する場合にどのような紹介ルートを求めているのかについて論じられていた。橋本（2009）は，人材派遣会社や業務請負会社が日系ブラジル人労働者の求人に介在しているとし，日系ブラジル人労働者自身も人材派遣会社や業務請負会社に再就職・転職のためのルートを求めていることが，派遣社員や請負社員といった「間接雇用」の不安定な就労環境に彼らが置かれ続けている要因であるとしている。

■注
1 移住者や少数者によってもたらされる文化的多様性を脅威ではなく好機と捉え，都市

の活力や革新，創造，成長の源泉とする新しい都市政策で，欧州評議会が欧州委員会とともに進めているプログラムで，その趣旨に賛同する欧州地域内外から100以上の都市が参加している。日本の加盟都市は浜松市（2017年加盟），神戸市が加盟検討中である。
2 　日本のアイビーシー・ワールドが発行していた週刊新聞で，ポルトガル語，スペイン語で発行された。ポルトガル語圏諸国出身者を主な読者層としていたが，2010年以降紙媒体での発行は休止している。
3 　下請構造が三次以上になっている状況を「重層化」と呼ぶ。「重層下請構造」とは，親企業による下請企業の利用による重層化された下請構造を指し，高度経済成長期以降に登場する言葉である。当時，高度経済成長による産業構造の高度化，製造工程の複雑化により下請企業の必要性が高まったことが背景にあった。
4 　従属的下層構造とは，重層的下層構造と同義語である。

第4章

中小製造業による日系ブラジル人労働者の雇用実態に関する研究

4.1 先行研究の背景

　中小製造業に焦点を当てた日系ブラジル人労働者に関する先行研究では，1990年の入管法改正によって，「デカセギ」を目的とした日系ブラジル人労働者の来日を背景に，1990年代後半から2000年代前半にかけて，多くの論点で活発な議論がなされてきた。第2章でも示したように，この時期は日系ブラジル人労働者の来日が急激に増加した時期でもあり，外国人労働者という視点で見れば，日系ブラジル人労働者が外国人労働者の代名詞的な存在であったともいえる。2000年前後における在留外国人の在留状況を見ると，日系ブラジル人労働者の在留者が最も多いわけではなく，出入国在留管理庁（2022a）のデータによれば，1992年では韓国・朝鮮国籍者が688,144人と最も多く，中国国籍者が195,334人，ブラジル国籍者が147,803人，フィリピン国籍者が62,218人となっている。

　在留者数でみれば，韓国・朝鮮国籍者や中国国籍者が多いにもかかわらず，日系ブラジル人労働者に関する研究，議論が活発に行われたのは，日系ブラジル人労働者は，「特別永住者」の在留資格での在留が多い韓国・朝鮮国籍者，中国国籍者とは異なり，1990年の改正入管法によって定住者が設けられ，新たな労働力としての位置付けでの在留であったからであろうと推察される。特に韓国国籍者・朝鮮国籍者の場合は，在留者のうち「特別永住者」が589,974人と，在留者全体の85.7％を占め，ほとんどの韓国・朝鮮国籍者が「特別永住者」であった。中国国籍者の場合は，日本人の配偶者や定住者が多かった。

フィリピン国籍者も日系ブラジル人労働者に次いで在留者が多いが，在留資格を見ると，日本人の配偶者や興行目的での在留が大半を占めていた。
　一方，日系ブラジル人労働者の場合は，入管法改正によって，日系人を対象にした「定住者」という在留資格での在留であり，他の国々の国籍者とは異なる。それは「定住者」という在留資格の下で，就労業種を自由に選択できる立場でもあることから，1990年代から2000年代にかけて，「デカセギ」目的の日系ブラジル人労働者が急激に増加したことを背景に，彼らに視点を当てた研究が活発になされた。
　中小製造業における日系ブラジル人労働者雇用に関する先行研究は，日本の労働市場における日系ブラジル人労働者の位置付け（丹野，1999：大久保，2005：近藤，2005など）や日系ブラジル人労働者の日本における生活意識，ネットワーク等の実態（梶田・丹野・樋口，2005），間接雇用の実態（佐野，2003：渡邊，2004a）など，様々な論点から検討がなされてきた。
　2000年前後，あるいは2008年のリーマン・ショック直後までは，日系ブラジル人労働者に関する研究は活発に行われてきた。特に彼らの就労，雇用環境などを対象にした先行研究は多く見ることができる。しかし，近年では，彼ら日系ブラジル人労働者の就労環境や雇用形態の在り方を論ずる研究よりも，日本人との共生問題，子供の教育問題，日本語支援の問題，居住環境（住宅問題），定住化に関連する議論を中心とした研究が多い。
　本書が問題意識とする，日系ブラジル人労働者の派遣社員，請負社員に偏重した雇用形態に関する研究や不安定労働層への固定化，彼らを雇用する中小製造業の雇用意識を取り上げた研究は少ない。確かに，日系ブラジル人労働者が来日するようになって30年以上が経過し，家族構成も日本で生まれ育った子どもがいる家庭が増えるなど，従来のように単純に日本に来て「デカセギ」で働き，母国に仕送りをすることが目的といった生活から，日本で家を購入し子どもを育てて，その子どもは日本で就職をする，つまり母国には帰国せずに日本に永住するというように彼らの生活は大きく変化している。
　そのようなことから，日系ブラジル人労働者に関する研究の視点も，2000年前後のような論点での研究は少なくなっていると考えられる。しかし，彼らの生活様式が変化したとはいえ，派遣社員，請負社員，パート社員，アルバイト

社員，期間工，季節工などの非正規社員といった不安定な雇用形態で就労していることに変化は見られない。むしろ，日本で永住するということは，彼らにとって安定した就労環境の下で働くことが，一層求められるということであり，そのようなことからすれば，彼らの置かれている不安定な雇用形態で働き続けている就労環境をいかに是正すべきかといった論点での研究を活発に行うべきであろう。

そこで，本章では，彼らの多くが就労している中小製造業がどのような就労環境や雇用形態で彼らを雇用しているのかという視点で先行研究をレビューする。

4.2 中小製造業における日系ブラジル人労働者の雇用に関する先行研究

4.2.1 日系ブラジル人労働者の雇用タイプ

渡邊（2004a）は，日系ブラジル人労働者の就業形態は，直接雇用の正社員，パート，アルバイトなどの非正規社員，業務請負会社に採用された社外工社員，派遣社員という4つのタイプに分類され，中でも社外工社員と派遣社員が多いと指摘している。その多くが中小製造業で就労し，正社員とは無縁の間接雇用で，不安定労働層の底辺に置かれていると指摘している。

橋本（2009・2012）は，日系人労働者の約7割が間接雇用に集中していること，また，ブラジル人労働者の雇用（求人）と賃金は，日本人労働者よりも鋭敏に景気に反応する（＝ブラジル人労働者の雇用は相対的に不安定）と論じている。さらに，大久保（2001）は，日系ブラジル人労働者は不安定な雇用や就労状態が多く，中小企業に限らず大企業においても間接雇用が増加していると指摘している。

4.2.2 子弟を中心とした就労形態の変化

小坂（2018）は，中小製造業における日系ブラジル人労働者雇用の背景について，1990年の入管法改正との関連性に触れながら，日系ブラジル人労働者が派遣社員，請負社員といった「間接雇用」などの不安定労働層に位置付けられ，

しかも彼らの仕事の多くは，製造現場でのライン作業のような単純労働主体の仕事への従事に置かれ続けてきたと指摘している。その要因については，彼らの当初の来日の目的が「デカセギ」であり，母国でのスキルは別として，少なくとも日本の製造業の現場では特段の技術を持たなかったことであるとしている。

一方で，日系ブラジル人労働者の日本における在日意識が「デカセギ」労働者から「永住者」へと変化する中で，彼らの子弟には，日本で高等教育を受ける者も次第に増えており，従来のように単純労働力だけではなく，製造業に限らずその他広範囲な業種に就職する者も増え，そしてそれらの企業の組織で中核的役割を担う位置付けを目指して就職する者，また自ら起業する者，母国との橋渡し的ビジネスに活路を見出す者も散見されるなど，彼らの子弟を中心に中小製造業でも企業を支える中核的人材となる者もいると論じている。このため，中小製造業は，従来のように彼らを一括りの単純労働力として雇用すべきではないと指摘している。小坂（2018）の指摘は，裏返せば未だに中小製造業における日系ブラジル人労働者の雇用が，従来から十分に変化していないということを表している。

4.2.3 製造業への就労と雇用形態

宋（2011）は，リーマン・ショックに端を発した世界同時不況後の日系ブラジル人労働者（ペルー人が若干含まれる）へのアンケート調査をもとに，中小製造業における彼らの就労業種や雇用形態について調査を行い，その結果として就労先の業種が自動車，電器産業などの製造業に偏向し，雇用形態として，就労先企業には直接雇用されず，人材派遣会社や業務請負会社に雇用されている派遣社員，請負社員，期間工や季節工などの非正規社員で働いている場合が多く，就労先に直接雇用された正社員とは無縁であるとしている。したがって，就労先企業と彼ら日系ブラジル人労働者の間には雇用契約は存在しない。

飯野（2020）は，静岡県での日系ブラジル人労働者に関する調査を行い，その結果をもとに日系ブラジル人労働者の雇用形態は，宋が論じたことと同様に派遣社員，請負社員が圧倒的に多いと指摘しながら，彼らの就労業種については「製造業」で働いている場合が約半数であるとしている。

日系ブラジル人労働者の雇用の実態に関する研究で，上林・山口・長谷川（2022）らは，島根県出雲市で行った調査をもとに，リーマン・ショックに端を発した「世界同時不況」後において，彼らを取り巻く労働市場で，日系ブラジル人労働者の位置付けがどのように変化したのかを明らかにしている。彼らはリーマン・ショックによって就労環境に大きな影響を受けたとし，特に中小製造業で派遣，請負社員などの不安定な雇用形態で働いていた日系ブラジル人労働者は，「解雇」「雇い止め」によって失業した者が多く，その後においても再就職の道が開けず，政府が2009年に日系人の失業者対策の１つとして行った「日系人離職者に対する帰国支援制度」による帰国者は約10万人以上に達し，2008年の時点で312,582人であった日系ブラジル人在留者は，４年後の2012年には190,581人まで減少したとしている。

4.2.4 安価な労働力としての就労環境

植木（2012）は，自動車部品会社での日系ブラジル人労働者に対するヒアリング調査をもとに，彼らを「基幹労働力化」することで正社員並みの能力発揮を求めるという自動車産業を取り上げている。その内容は，日系ブラジル人労働者を「ライン組立作業」での「基幹労働力化」である。このような植木の主張は，果たして「基幹労働力」といえるのだろうか。どちらかといえば「ライン組立作業」そのものは，単純労働として捉えるべきであり，そこに日系ブラジル人労働者を配置しても正社員並みの能力が発揮されるとは思われないし，実質的に彼らの能力を評価した上での基幹労働力化とは到底考えられない。

「基幹労働力」という表現だけなら労働現場における中核的な位置付けとも受け止めることができるが，それはライン組立てという単純作業の中心を担うということであり，決して植木（2012）が調査結果から論じている「基幹労働力化」とは，製造現場において中心的な役割を果たす中核的労働力との基幹労働力とはいえず，むしろ彼らを縁辺労働力としてしか見ていないこととなる。

樋口（2010）は，1980年代後半からの中南米諸国からの「デカセギ」の波は，日本国内の出稼ぎ労働者（例えば，農家の閑散期における地方都市から都市部への出稼ぎ）に代わる労働力として，その減少分を補うとともに，好景気に伴う労働市場の逼迫に対応するものであったとして，先行研究での調査結果を用

いて説明している。

樋口（2010）は，3例による先行研究の調査結果から，企業が外国人労働者を雇用する理由のほとんどが，人手不足であり，決して外国人労働者を雇用することで，日本人労働者よりも安価な労働力だから雇用するとは論じていない。

4.3 中小製造業における日系ブラジル人労働者雇用の排外意識に関する先行研究

本書における「排外意識」とは，中小製造業が日系ブラジル人労働者の採用を検討する段階において，日系ブラジル人労働者であるがゆえに，組織の文化や価値観に適合しない考え方が潜在しているということである。このため，本節では，中小製造業の日系ブラジル人労働者雇用に対する雇用意識の根底には，人手不足などを一時的に克服・解消するために「間接雇用」はするものの，正社員として直接雇用することについては「排他意識」が存在するのではないかという雇用意識についての論点から先行研究をレビューする。

4.3.1 排外主義と接触仮説

濱田（2008）は，日系ブラジル人労働者に限定はしていないが，外国人住民（労働者）が集住する地方工業都市（群馬県邑楽郡大泉町）において，外国人に対する「排他的意識」を調査し，その規定要因を4つに分類している。大泉町における在留外国人は，圧倒的に日系ブラジル人が多いことから，この場合の外国人とは日系ブラジル人労働者と捉えられる。4つの規定要因とは「個人属性仮説」「接触仮説」「ネットワーク仮説」「居住地効果仮説」の4分類である。「個人属性仮説」とは，日本人の外国人に対する寛容性が個人属性によって規定されるという考え方である。ただ，この考え方は，性別，年齢，職業，学歴といった個人属性が必ずしも寛容性に影響を与えるものではないとの先行研究の見解も示している。

「接触仮説」については，伊藤（2000・2005），堀内（2006），浅田（2003）らが論じている。外国人との接触・交流経験は，外国人に対する意識にプラスの効果にもたらすという主張とは逆に，マイナスの効果をもたらすという谷（2002）の主張[1]を支持している。「ネットワーク仮説」については，田辺（2001），

伊藤（2000）らの人的ネットワークの特性が外国人に対する寛容性を高めること，遠距離友人の数が外国人への寛容性を高めることを先行研究に基づいて説明している。

「居住地効果仮説」については，松本（2006）が主張する「居住地の集合的特性」が日本人住民の外国人に対する寛容度に影響を与えるとしている。例えば，大卒者が多く居住する地域では，住民の個人属性である学歴に関係なく，外国人に対して寛容度が高いという考え方である。

4.3.2　日系ブラジル人労働者の増加と地域住民

浅田（2003）は，愛知県の県営団地での調査結果から，日系ブラジル人労働者を企業が雇用する場合の日本人労働者への影響については，日本人労働者の約6割が日本人の雇用を圧迫するとしている。彼ら日系ブラジル人労働者の増加によって，雇用する企業での影響に加えて日系ブラジル人労働者が居住する地域で，彼らが同一居住エリア（浅田が調査を行った団地）に居住者が増加することには，回答した日本人居住者の約7割が住みにくくなったとの調査結果を報告している。

永吉（2006・2012）は，日本人の外国人に対する「排外意識」に影響を与える要因については，多くの研究が蓄積されているとし，濱田（2008）が論じているように，学歴や職業，ネットワークの量，外国人住民との交流経験の多少によって効果が異なると指摘し，また国籍，すなわちどこの国の出身かによっても異なるとしている。具体的には韓国，朝鮮国籍者が多い地域では，これらの国の出身者に対する「排外意識」は抑制されて高まらないが，中国国籍者やブラジル国籍者が集住する地域では，「排外意識」が高められるとしている。このような主張は，浅田同様に外国住民（外国人労働者）が多くなるほど，日本人の外国人に対する「排外意識」が高まるとされている。

以上のような先行研究からいえることは，日系ブラジル人労働者を雇用する企業（中小製造業が多い）と，それらの企業で働いている日本人労働者も，日系ブラジル人労働者に対して否定的評価をしているということであり，日系ブラジル人労働者を取り巻く雇用環境において，企業とそれを構成する日本人労働者には，日系ブラジル人労働者に対する「排外意識」が存在していると考え

られる。

4.4 中小製造業における日系ブラジル人労働者の雇用意識に関する先行研究

　中小製造業が日系ブラジル人労働者を雇用する場合に，どのような動機で雇用しているのだろうか。

4.4.1　日系ブラジル人労働者に対する雇用意識

　竹内（2017）は，日本政策金融公庫が製造業に対して行ったアンケート調査（外国人材の活用に関するアンケート「調査：2016年8月〜9月」）を活用し，その動機として，基本的には日本人の社員の採用を考えているものの，特に若手社員の採用が困難であるため，日本人社員の不足を外国人労働者で補っているとした企業が全体の約38％を占めているとし，外国人労働者を雇用している企業は多いものの，外国人労働者の能力を評価した上での雇用ではないと指摘している。

　また，日系ブラジル人労働者の雇用形態にも触れ，彼らの86％が人材派遣会社から派遣されている派遣社員や業務請負会社から派遣されている請負社員で，就労先企業に正社員として直接雇用されて製造現場で働く日系ブラジル人労働者は全体の12％程度に過ぎないとも指摘している。このような中小製造業における日系ブラジル人労働者の雇用実態は，人手不足の状況下でも，本来であれば日本人の雇用を優先したいという雇用意識が存在するとし，そのような雇用意識が結果として日系ブラジル人労働者の雇用形態に反映されていると論じている。

4.4.2　排他意識と安価な労働力

　早川（2021）は，中小製造業の日系ブラジル人労働者に対する雇用意識について，先行研究で指摘されてきた「安価な労働力」で，しかも必要に応じて雇用調整が可能であるとする「雇用の調整弁」との理解のみならず，日系ブラジル人労働者を含む外国人労働者に対する「排他的」意識が存在するとしている。

4.5 中小製造業における日系ブラジル人労働者の雇用ルートに関する先行研究

4.5.1 中小製造業と人材派遣会社等との関係

　丹野（2000）は，日本の労働市場において業務請負会社がどのように位置付けられているのかを取り上げ，人材派遣会社，業務請負会社の存在が日系ブラジル人労働者の就職に影響を与えているとし，それが結果として日系ブラジル人労働者の雇用形態が派遣社員や請負社員といった「間接雇用」に偏重している要因であると論じている。すなわち，中小製造業が日系ブラジル人労働者を雇用する場合に，求人のためのルートとして人材派遣会社や業務請負会社を利用しており，そのような雇用ルートを介して雇用していることが，結果として日系ブラジル人労働者を「間接雇用」に固定化させていると論じている。

4.5.2 日系ブラジル人労働者の採用ルート

　丹野と同様の主張は，稲上（1992），山本（1994）の先行研究でも指摘されている。そこでは，中小製造業が日系ブラジル人労働者を雇用する場合の雇用ルートを人材派遣会社や業務請負会社に求め，仲介・介在させているとし，それが派遣社員，請負社員という間接雇用を形成する要因であると論じている。これらの先行研究では，中小製造業が日系ブラジル人労働者を雇用する場合の求人ルートという視点で述べているが，言い換えれば日系ブラジル人労働者自らが就職・転職する場合，紹介ルートを人材派遣会社に求めているということであり，そのこと自体が彼ら自身を派遣・請負社員といった「間接雇用」に繰り返し位置付けることとなり，抜け出すことができない要因にもなっている。

4.5.3 人材派遣会社等の存在意義

　丹野（2000），梶田（2002）は，人材派遣会社や業務請負会社が中小製造業と日系ブラジル人労働者との間に介在することによって，日系ブラジル人労働者の就労環境へ及ぼす影響について明らかにしている。近藤（2005）は，中小製造業と日系ブラジル人労働者との間に人材派遣会社や業務請負会社が介在し，

それらの会社は日系ブラジル人労働者を雇用することで，企業として急激に成長してきたが，人材派遣会社や業務請負会社の存在意義を否定的に捉え，日系ブラジル人労働者の就労ルート，中小製造業の雇用ルートを整備する必要性を論じている。

4.6　小　括

　本章では，中小製造業は，日系ブラジル人労働者を雇用するにあたって，どのような就労環境や雇用形態で彼らを雇用しているのか，また，彼らを雇用する上でどのような意識で雇用し，主にどのような採用ルートで採用しているのかについて先行研究をレビューした。雇用形態については，人材派遣会社や業務請負会社に雇用されていることが多く，それらの会社から就労先の製造現場に派遣されている派遣社員，あるいは業務請負社員が多くを占めていることから，先行研究では日系ブラジル人労働者は就労先企業との間に直接の雇用契約が存在せず，しかも「解雇」「派遣切り」などのリストラを受けやすい不安定な就労環境で働いている実態が明らかになった。

　中小製造業は，彼らをなぜ雇用するのか，そして，日系ブラジル人労働者に対してどのような雇用意識が根底にあるのか。雇用する理由については，先行研究のほとんどにおいて，人手不足を補うための労働力と論じられてきた。確かに彼らを雇用する最大の目的は，人手の充足のためである。それは裏返してみれば人手が充足している場合には，彼らは雇用されないということでもある。そのような捉え方からすれば，中小製造業は，日系ブラジル人労働者を質としての人材として雇用しているのではなく，必要な時期に必要な数（量）だけの単なる労働力として雇用しているといえる。

　本章の冒頭でも述べたように，中小製造業の日系ブラジル人労働者雇用における雇用意識に関する先行研究は少ない。しかし，4.3及び4.4でレビューしたように，中小製造業の日系ブラジル人労働者への雇用意識には，日系ブラジル人労働者は，あくまでも日本人労働者の不足を補う補完的な要員を充足するものであり，彼らの能力や技術を評価しての雇用ではなく，可能であれば日本人労働者の雇用を優先したいということが，中小製造業としての本音と考えられる。

中小製造業の日系ブラジル人労働者に対する評価の根底には，彼らに能力・技術の有無や優秀であるとか，そうではないとかは関係なく，日系ブラジル人労働者に限らず，外国人労働者に対する「排外意識」という評価が存在しているといえる。

　なお，近年においては，外国人労働力という視点で見ると，東南アジア諸国からの技能実習生の増加などにより，日本における在留外国人の国籍が多様化している。外国人労働者に論点を置いた研究では，技能実習生を主眼とした研究が多く見られるようになり，それに伴い日本の労働市場における日系ブラジル人労働者に関する分野の研究が希薄になっている。

■注

1　外国人の増加によって，接触機会が増えることによるマイナス効果を強調する研究の多くは，地域社会における外国人の量や密度が増大することによって，ホスト住民（日本人住民）に政治的・経済的脅威をもたらし，それによって外国人に対する偏見・差別が助長されるという主張である。

第5章

リサーチデザイン

5.1 先行研究の限界

5.1.1 日系ブラジル人労働者に関する先行研究の限界

　日系ブラジル人労働者に関する先行研究では，本書の研究目的に照らして，5つの論点からレビューした。第1の論点とした「日系ブラジル人労働者の就労実態に関する先行研究」(3.2)では，渡邊 (2004a) が日系ブラジル人労働者の雇用形態について，4つのタイプの雇用形態が存在することを挙げ，彼らは就労先企業との労使関係においては，何らの雇用関係も存在しない派遣社員といった「間接雇用」での就労が多く，いわゆる不安定な就労層に置かれていると指摘している。

　しかし，日系ブラジル人労働者が「不安定な就労環境」に置かれていることを決して肯定しているものではない，とすれば調査結果から得られた就労実態の指摘に加えて，彼らが「不安定な就労環境」からいかにすれば抜け出すことができるのかについての言及をすべきである。日本の労働市場の構造そのものが彼らを「不安定就労層」に固定化させているのか，また，その直接的な要因は日系ブラジル人労働者を雇用している中小製造業を含む企業側に要因があるのか，さらには日系ブラジル人労働者自身の就労に対する意識が，そうさせている要因なのかといった視点では触れられていない。

　従来からいわれてきた日系ブラジル人労働者の雇用は，需給双方の事情から「不安定労働層」に位置付けられているとの橋本 (2009) の指摘についても，

企業側が景気変動や季節の閑散に対応するための「間接雇用」という需要サイド，すなわち彼らを雇用する企業側の理由（企業側のメリット）と理解すべきであり，需給双方といった捉え方からすれば，日系ブラジル人労働者側にも，結果として自らが「間接雇用」を選択しているともいえる。したがって，彼らにも要因があるのではないか。日系ブラジル人労働者が再就職・転職する場合の求職ルートの偏りが，結果として彼らを「間接雇用」に偏重させているとも推察される。しかし，このような論点は先行研究では触れられていない。

　日系ブラジル人労働者の採用において，企業側が「間接雇用」に重きを置いた雇用形態にこだわる要因は，企業側の景気変動に対応するためのリスク回避策，つまり「雇用の調整弁」として雇用するためであると一般的にはいわれている。中小製造業が日系ブラジル人労働者を「間接雇用」するのは，決して企業側の景気変動に対応するためのリスク回避策としてだけではなく，それ以外の要因があることに触れていないのは先行研究の限界といえる。

　第2の論点とした「日系ブラジル人労働者の雇用形態と労働階層の固定化に関する先行研究」（**3.3**）では，浅川（2007）と近藤（2005）は，日本の製造業特有の重層的下層構造という表現を用いて，日系ブラジル人労働者は，下請企業である中小製造業において，日本人の代替労働力として最も低い位置付けで就労していると指摘している。その要因については，中小製造業における「安価で求められる労働力」の必要性と論じている。浅川や近藤らが指摘している日系ブラジル人労働者の雇用形態が「安価で求められる労働力」という理由で，重層的下層構造の底辺に位置付けられている要因であるとの指摘は，2000年代前半の論考であり，中小製造業における人手の確保などを含めて，経営環境も雇用環境も変化した現在では当時とは異なっている。

　日系ブラジル人労働者の日本での長期滞在など，生活環境の変化から彼らの働き方に対する考え方も変化している。このようなことからすれば，必ずしも浅川（2007），大久保（2005），近藤（2005）らの視点だけではなく，彼らが不安定就労層に固定化されている要因について，異なった視点からも考察がなされるべきである。

　第3の論点とした「日系ブラジル人労働者の転職行動に関する先行研究」（**3.4**）では，大別して2つの考え方が示されている。1つ目は，日系ブラジル

人労働者が頻繁に転職する行動は，日本特有の「終身雇用」的な労働文化では考えられないことであって，渡辺（1995a）が指摘しているように，そのような雇用形態には縁のない「ブラジルの労働文化」から生じているものとする指摘が一般的であるという論考である。2つ目は，彼らの転職行動は日本における「間接雇用」主流の「雇用形態」から生じているという指摘である。すなわち，派遣社員，請負社員といった常に解雇される要素を含んだ「間接雇用」で働いていることが，彼らが頻繁に転職する要因であるとし，何も「ブラジルの労働文化」だけが転職行動の要因ではないとしている。日系ブラジル人労働者を取り巻く日本の労働構造の中に人材派遣会社，業務請負会社が存在し，彼らの再就職や転職に関わる求人行動に介在していることが，頻繁な転職行動の要因であると指摘している先行研究もある。

　しかし，現在は，これらの論文で指摘された時期からは時間的経過があり，日系ブラジル人労働者の日本での長期滞在が日常化し，世代も日本で生まれ育った日系4世が増えるなど，彼らの生活も変化してきていることを考えれば，日系ブラジル人労働者の転職行動をブラジルの労働文化だけで片付けてしまうことには疑問が生ずる。とすれば，丹野（2000）やイシ（1995），橋本（2009）が指摘しているように，不安定な雇用形態が転職行動の要因であるとする指摘が妥当であろう。ただ，「間接雇用」と転職行動の関連性については，具体的には論じられていない。

　第4の論点とした「ブラジルにおける「デカセギ」紹介ルートに関する先行研究」（3.5）では，佐野（2003）は，制度化された仕組みが移送国のブラジルにも受け入れ国の日本にもなく，法律的にも整備がなされていなかったことから，不明瞭な点が多く実態の把握が困難であるとしている。近藤（2005）は，日系ブラジル人労働者がどのような紹介ルートを経て来日したのかについて，ルートを4つに類型化している。

　紹介ルートが制度化されていない当時において，どのような紹介ルートを経て来日したのかの実態を把握し類型化した点では，一定の評価はできるものの，あくまでも類型化に留まっており，以降の制度化または法制化などに向けての提言はなされていない。

　第5の論点とした「日系ブラジル人労働者の再就職・転職紹介ルートに関す

る先行研究」(3.6) では，日系ブラジル人労働者が日本において再就職や転職をする場合にどのような求人ルートを利用して再就職，転職をしているのかについてレビューした。彼らがどのような求人ルートをもって再就職，転職の道を求めているのかが，再就職・転職後の彼らの雇用形態に大きな影響を及ぼすものと考えられる。

上林・山口・長谷川（2022）らが論じているように，彼ら日系ブラジル人労働者を雇用する中小製造業側が，派遣社員，請負社員を求人するという前提で，求人ルートとして人材派遣会社や業務請負会社を活用していることに関する議論は，これまでにもなされているものの，日系ブラジル人労働者側に視点を置いて，彼らがどのような就職，転職ルートを用いて再就職，転職を実現しているのかを明らかにしようとした先行研究は少ない。前述したように，日系ブラジル人労働者がどこに就職，転職ルートを求めているのかは，結果として彼らが派遣社員，請負社員などの「間接雇用」といった不安定労働層に固定化され続けるか否かに結び付くものであるといえる。したがって，このような視点での議論が先行研究では少ない。

5.1.2 中小製造業における日系ブラジル人労働者の雇用に関する先行研究の限界

中小製造業における日系ブラジル人労働者雇用に関する先行研究については，本書の研究目的に照らして，4つの論点からレビューした。第1の論点とした「中小製造業における日系ブラジル人労働者の雇用に関する先行研究」(4.2) では，小坂（2018）が日系ブラジル人労働者は「デカセギ」が目的であり，特段の技術を持たないことから不安定な「間接雇用」という雇用形態に固定化され続けてきたと論じつつ，近年においては「デカセギ」から「永住」へと彼らの就労目的が移行することにより生活環境が変化する中で，一部の日系ブラジル人労働者ではあるが，彼らの子弟を中心に地域の製造業を支える立場や，製造業に限らず中核的位置付けなどで就職をする者も増えているとしている。一方で，小坂（2018）は，日系ブラジル人労働者は「デカセギ」で来日した当初の雇用形態といえる派遣社員，請負社員などの不安定な「間接雇用」，パート社員や期間工，季節工といった雇用形態で現在でも就労していると指摘してい

る。

　小坂（2018）の指摘は，他の先行研究にも見られるが，彼らがなぜ「間接雇用」といった不安定な雇用形態に置かれ続けているのか，置かれている実態については論じているものの，「間接雇用」から彼ら日系ブラジル人労働者を解放するためには，どのような施策が必要かなど踏み込んだ論考はなされていない。

　宋（2011）は，日系ブラジル人労働者の就労業種が製造業に多いこと，雇用形態は他の先行研究でも指摘しているように，派遣社員や請負社員といった「間接雇用」，期間工，季節工などの非正規雇用が多く，「間接雇用」の場合は就労先企業との雇用契約のない存在であると実態について述べている。飯野（2020）も日系ブラジル人労働者の就労業種の約半数が製造業で働き，雇用形態も派遣社員，請負社員などの「間接雇用」が多いと指摘している。しかし，これらの着眼点は，日系ブラジル人の就労実態を述べるに留まり，具体的な政策提言が述べられていない。

　第2の論点とした「中小製造業における日系ブラジル人労働者雇用の排外意識に関する先行研究」（4.3）では，排外意識と表現する先行研究は少ないが，浅川（2007），近藤（2005）が論じているように，中小製造業にとって日系ブラジル人労働者そのものは，中小下請製造業が何層にも重なり合う「重層的下層構造」の底辺部分の就労を担う存在であるとの前提で雇用しているのであるから，彼らを雇用する場合，必然的に「間接雇用」という雇用形態に位置付けられると論じている。すなわち，雇用の前提そのものが日本人労働者とは異なること自体が，中小製造業にとって潜在的に日系ブラジル人労働者に対する「排外意識」である。

　とすれば，日系ブラジル人労働者がなぜ中小製造業において，「排外的な存在」であり続けるのか，また，「間接雇用」という不安定な雇用形態に固定化され続けるのか，その要因については論及されていない。

　第3の論点とした「中小製造業における日系ブラジル人労働者の雇用意識に関する先行研究」（4.4）では，竹内（2017）が中小製造業は日系ブラジル人労働者に限らず，外国人労働者を雇用する場合のきっかけを，日本人社員の採用（特に日本人の若手人材）が困難との理由を根拠に，あくまでも外国人労働者

の職務能力が優秀だからではないとしている。また，日系ブラジル人労働者については，雇用人数の8割以上が人材派遣会社からの派遣社員，請負会社から派遣された請負社員であるとも指摘している。日系ブラジル人労働者を含む外国人労働者を雇用する動機（雇用意識）は，本来なら日本人を優先して雇用したいという意識が前提にあり，外国人労働者に対する雇用意識，評価は低いと指摘している。

竹内（2017）の指摘は，調査結果に基づくものであり，外国人労働者を雇用しようとする中小製造業の本音を窺うことができる。しかし，中小製造業が人手不足にもかかわらず，なぜ外国人労働者を雇用することに対して，そのような雇用意識があるのかについては論考されていない。

第4の論点とした「中小製造業における日系ブラジル人労働者の雇用ルートに関する先行研究」（4.5）では，丹野（2000）が人材派遣会社や業務請負会社が日系ブラジル人労働者の就職，転職に影響を与えていると指摘している。企業と日系ブラジル人労働者を結び付ける（就職・転職）に人材派遣会社や業務請負会社が介在しており，そのことが日系ブラジル人労働者を「間接雇用」に固定化する要因であるとしているのである。

しかし，「間接雇用」への固定化に関するその他の要因については，前述したように人材派遣会社や業務請負会社の介在だけの指摘に留まっている。

5.2 リサーチクエスチョン

先行研究の限界を踏まえて，先行研究では明らかにされていない，または先行研究で論じられてはいるが，論考されていないなど不十分な点を明らかにすべく，以下の2つのリサーチクエスチョン（RQ）を設けた。

RQ1 日系ブラジル人労働者が不安定労働層に固定化されている要因は何か。

RQ2 中小製造業における日系ブラジル人労働者の雇用において，日本人とは異なる雇用意識が存在するか。

5.3 調査の目的と種類

5.3.1 調査の目的

　本書における目的は，第1章で述べた，なぜ日系ブラジル人労働者が派遣社員，請負社員といった「間接雇用」や非正規社員などの不安定な就労層に位置付けられ，「労働の下層性」(青木，2006) に置かれ続けているのか，その要因は何かを明らかにし，安定した雇用環境の下で就労可能な政策を提言することである。

　日系ブラジル人労働者の就労環境などの研究に関しては，これまでも多くの論考を見ることができる。しかし，これまでの先行研究では，日系ブラジル人労働者の多くは，特段の技術やスキルを持たない単純労働力としての外国人労働者であり，したがって彼ら日系ブラジル人労働者は，就労業種や雇用先または企業規模もおのずから限定された就業先に限られてくる。

　そこで，本書では前項で設定したリサーチクエスチョンを明らかにするため，これまでの先行研究とは異なった独自性のある視点での調査を試みることとした。これまでの先行研究における調査を見ると，調査対象を「ブラジル人労働者」，あるいは「企業」など単一的に視点を当てたものが多いことから，結果として実態の把握に留まる論考となっているのではないかと推察する。

　本書における調査の目的は，日系ブラジル人労働者の就労環境，雇用形態に関わっているであろうと考えられる調査対象，すなわち日系ブラジル人労働者，彼らを雇用する中小製造業，人材派遣会社，ハローワークや国際交流協会などの公的機関に視点を当てた調査を行うことで，リサーチクエスチョンの結論をより明確に導き出すことが可能であると判断し，そのような視点での調査を行うことを目的とした。また，一定の地域にこだわらず調査地域を製造業の集積地であり，かつ多くの日系ブラジル人労働者が就労する地域で調査を行うことで，効果性のある調査を目指した。

　このように，本研究では調査対象の多元化，多地域化を考慮した調査をするなど，従来には少ない独自性のある調査を行った。

5.3.2　調査の種類

　本研究では，大別して定量調査及び定性調査を行った。次章で述べるとおり，日系ブラジル人労働者に対しては，定量調査（質問紙によるアンケート調査）を行い，彼らの就労先の職種や雇用形態，勤続年数や賃金・福利厚生など待遇面の満足度などの実態を把握することとし，さらにアンケート調査の結果を踏まえて，定性調査（インタビュー調査）を行った。

　中小製造業に対しては，第7章で述べるとおり，定量調査として電話による聞き取り調査を行い，「人手の充足度」「日系ブラジル人労働者を含めた外国人労働者の雇用状況」「雇用形態と雇用意識」「日系ブラジル人労働者の雇用ルート」など，中小製造業における日系ブラジル人労働者を含めた外国人労働者の雇用実態を把握することとした。電話による聞き取り調査の結果を踏まえて，定量調査では把握が困難な面を深掘すべく定性調査（インタビュー調査）を行った。

　日系ブラジル人労働者及び中小製造業への定量調査（アンケート調査，電話による聞き取り調査）及び定性調査（インタビュー調査）の結果を踏まえて，日系ブラジル人労働者の雇用と密接な関係がある人材派遣会社，公的機関であるハローワーク及び国際交流協会に対する定性調査（インタビュー調査）を行った（調査の結果は第6章及び第7章）。

5.4　調査対象者と対象地域の選定理由

　出入国在留管理庁（2022a）によれば，都道府県別の日系ブラジル人在留者数は，愛知県が60,397人と最も多く，次いで静岡県が31,777人，三重県が13,669人，群馬県が13,242人である。総務省（2022）によれば，都道府県の総人口に対する在留日系ブラジル人の在留割合は，静岡県が総人口3,558,518人に対して0.89％と最も高く，次いで愛知県が総人口7,497,521人に対して0.81％，三重県が総人口1,784,968人に対して0.77％，群馬県が総人口1,924,137人に対して0.69％となっている。

　そこで，本書では日系ブラジル人が多く在留している群馬県の邑楽郡大泉町，伊勢崎市，太田市，静岡県の浜松市，磐田市，袋井市，愛知県の豊橋市，豊田

市，岡崎市といった輸送機器関連や電気機器関連，楽器製造関連の大手メーカーと，その下請中小製造業が多い都市を調査対象地とした。なお，三重県は，日系ブラジル人の在留者数及び総人口に対する割合では愛知県，静岡県に次いで三番目に多い県であるが，愛知県，三重県は東海地域という1つのエリアと捉えられるので，三重県に次いで在留者数，総人口に対する割合の高い群馬県を調査対象地とした[1]。

前述した人材派遣会社，ハローワーク，国際交流協会への調査は，日本の都市の中で日系ブラジル人労働者が最も多く在住している浜松市において行った（**図表5-1**）。

図表5-1 調査概要

調 査	調査年月日	調査対象者	調査対象地域
調査1	2022年4月20日〜2022年7月30日	日系ブラジル人労働者	静岡県浜松市
調査2	2022年6月8日〜2022年8月10日	日系ブラジル人労働者	群馬県邑楽郡大泉町・伊勢崎市・太田市 静岡県浜松市・磐田市・袋井市 愛知県豊田市・岡崎市・名古屋市
調査3	2022年9月5日〜2022年11月8日	中小製造業	群馬県，静岡県，愛知県
調査4	2022年9月14日〜2023年1月28日	中小製造業	群馬県，静岡県，愛知県
調査5	2023年11月3日	人材派遣会社（A）	静岡県浜松市
調査6	2023年11月2日	人材派遣会社（B）	静岡県浜松市
調査7	2023年11月1日	ハローワーク浜松	静岡県浜松市
調査8	2023年10月31日	浜松国際交流協会	静岡県浜松市

出所：筆者作成

5.5　調査対象地域の概要

5.5.1　群馬県

(1)　邑楽郡大泉町

　調査対象地域とした群馬県のうち，邑楽郡大泉町は関東平野の北部で群馬県南東部に位置し，東は邑楽町，千代田町，北西は太田市，南は利根川を挟んで埼玉県熊谷市に隣接している．大泉町住宅経済部（2023）によれば，人口が約4万1,000人の北関東で最も面積の狭い町であるが，SUBARU群馬製作所大泉工場，味の素冷凍食品関東工場，パナソニック東京製作所（旧三洋電機東京製作所）などが立地していることから，北関東でも屈指の製造品出荷額を誇る町でもある．

　また，町の総人口に占める外国人の割合が高く，大泉町（2023）によれば，外国人在留者は約8,100人（町民の約19.3％），中でもブラジル国籍者が約4,600人在住しており，これは総人口の約11.2％，外国人在留者の約56.8％と，町民の約10人に1人以上がブラジル国籍者である．

(2)　伊勢崎市

　伊勢崎市は，関東平野の北西部に位置し，市内を流れる利根川を隔てて埼玉県と隣接する．伊勢崎市の北西部に位置する群馬県の県庁所在地である前橋市からは約15kmと至近な位置にある．伊勢崎市（2023）によれば，人口は約21万2,000人で，うち外国人は約15,100人（移民の約7.1％）と総人口に占める外国人の割合は高い．近年では企業誘致に積極的で，郊外には広大な面積の工場が建設され，北関東有数の工業都市となっており，製造品出荷額は1兆円を超え，群馬県では太田市に次いで多い．

(3)　太田市

　太田市は，群馬県南部の東毛地区（群馬県の地域区分の1つで群馬県南東部一帯をいう）に位置し，太田市（2023）によれば，太田市の2022年における人口は約22万2,000人（太田市は群馬県では高崎市，前橋市に次いで3番目に人

口が多い）であり，うち外国人在留数は約1万3,500人（約6.1%）と外国人在留数は多い。

県内では隣接する伊勢崎市とともに施行時特例市[2]に指定されている。SUBARUの企業城下町ともいわれ，製造品出荷額は約3兆円に迫る北関東随一の工業都市であり，隣接する桐生市や栃木県足利市とともに両毛地区を形成している。外国人は約1万3,500人（市民人口の6.1%）が在住している。

5.5.2 静岡県

調査対象地域とした静岡県のうち，浜松市は静岡県の西部，遠州地方（静岡県西部地域）に位置し，浜松市（2022b）によれば，人口は静岡県最大の約79万3,000人を有する都市で，政令指定都市と国際会議観光都市[3]に指定されている。静岡県西部地域における経済・文化・観光の中心都市であり，浜松市を中心とする「浜松都市圏」は，都道府県県庁所在地以外の都市圏では2番目の人口を有する。愛知県東三河，長野県南信州地域との結び付きも強く，これらの地域を総称して「三遠南信地域」という。

ホンダ発祥の地であり，スズキが本社を構えており，また二輪車メーカーのヤマハ発動機などが立地する，全国でも有数の自動車工業都市である。楽器生産や繊維産業の分野も盛んであり，ヤマハやカワイ，ローランドや鈴木楽器製作所といった楽器メーカーが立地する「楽器の街」としても知られている。このように製造業が盛んであることから，外国人が約2万6,000人（全市民の3.3%）在留し，中でも日系ブラジル人労働者は全市町村の中で最も多く，約9,900人（外国人在留者の38.1%）が在留している。

5.5.3 愛知県

(1) 豊橋市

調査対象地とした愛知県のうち，豊橋市は愛知県の南東部に位置し，渥美半島の付け根にあり，東三河地方[4]に位置する都市で中核市に指定されている。豊橋市（2023）によれば，人口は約36万9,000人で，外国人は約1万9,000人（全市民の約5.1%）である。この地方の産業は，古くは吉田煙草に代表される煙草製造や吉田鎌等の鍛冶業，金物製造業や水産加工業が主であったが，戦後

は工業化によって発展した。1980年代からは工場誘致を積極的に進め，港湾建設を核とした総合的な工業発展を推し進めたことにより，近年では輸入自動車を中心とした外資系企業（メルセデス・ベンツ日本，フォルクスワーゲングループジャパン，ローバージャパンなど）が進出している。

公表されている製造品出荷額は，輸送機器，電気機器，化学工業等を中心に約1兆3,000億円である（豊橋市，2023）。

(2) 豊田市

愛知県豊田市は，愛知県の北部に位置する人口約41万6,000人（豊田市の人口，2022）の都市で，中核都市に指定されている。日本最大の工業地域である中京工業地帯の中核をなす都市であり，2019年の工業品出荷額は約15兆1,700億円で，日本を代表する工業都市である（豊田市，2019）。

トヨタを中心にそれを取り巻く輸送関連企業が重層的に集積している地域であり，製造業で就労する外国人の多い地域である。豊田市（2023）によれば，外国人は約1万9,000人（全市民の4.6%）在留しており，うちブラジル国籍者は約7,000人（外国人在留者の36.8%）在留している。

(3) 名古屋市

愛知県名古屋市は，愛知県北西部の尾張地方に位置する人口約231万9,000人（名古屋市，2023）の中部地方最大の都市であり，政令指定都市，中枢中核都市に指定されている。名古屋市を中心とする中京圏（名古屋都市圏）は，日本三大都市圏の1つであり，その範囲は，愛知県内をはじめ岐阜県南部，三重県北部の東海3県に跨っている。2019年における都市圏人口は1,000万人を超える。

豊田市や三重県の四日市市などとともに，日本最大の工業都市である中京工業地帯を構成する。全国的な製造業の本社や工場がこの地域に集積しており，近年では製造工場の郊外への移転に伴って，製造品出荷額は減少傾向にあるものの，この地域においては約3兆3,000億円である（名古屋市，2019）。出入国在留管理庁（2022a）によれば，名古屋市における在留外国人数は約28万1,000人（全市民の12.1%）で，このうちブラジル国籍者は約4,400人（外国人在留

者の1.6％）と，愛知県内では豊橋市，豊田市に次いで3番目に在留者数が多い（出入国在留管理庁，2022a）。

■注
1　群馬県邑楽郡大泉町のように総人口は41,658人と多くはないが，総人口に対する日系ブラジル人在留者の割合は11.38％と，突出して日系ブラジル人在留者の割合が高い都市もある。さらには，島根県出雲市のように県内各都市の中で1つの都市だけに集中して日系ブラジル人が在留する都市もある。
2　2000年4月に施行された「地方分権一括法」により，政令指定都市，中核市に続く地方分権の新たな担い手として創設された都市制度。
3　「国際会議等の誘致の促進及び開催の円滑化等による国際観光の振興に関する法律」に基づき認定された都市・地域。
4　愛知県の東部をいい，豊川流域及び渥美半島を含む遠州灘に面する地域である。この地方の中心都市が豊橋市である。

第6章

日系ブラジル人労働者の就労実態に関する調査分析

6.1 日本における外国人労働者の就労状況

　厚生労働省（2022）によれば，日本で就労している全外国人労働者数は1,822,725人で，その就労業種では，全業種のうち「製造業」従事者が26.6%と他業種に比べて圧倒的に多く，次いで「卸・小売業」「宿泊・飲食サービス業」の順となっている。

　日本に在住する全外国人労働者及び国籍別に在留者の多い上位5か国の外国人労働者の就労業種について，国籍別に見るとベトナム国籍者は，「製造業」への従事者が在留者の約37.0%と最も多い。次いで中国国籍者は「卸・小売業」への従事者が多く，一方で製造業従事者は在留者の約8.7%と低い比率である。フィリピン国籍者は「製造業」に従事している者が在留者の約33.5%とかなり高い比率である。ブラジル国籍者は，「製造業」が最も多く，全就労者の約39.3%と約4割が製造業で就労している（図表6-2）。

　このように，日本で就労している外国人労働者も，国籍によって就労している業種に大きな違いがある。ただし，全外国人就労者という視点で見ると，製造業で働く外国人労働者が在留者の約26.6%と最も多い。

　本書が研究対象とする「派遣・請負」及び「製造業」への就労の視点で国籍別労働者を見ると，外国人労働者と就労先企業との間には雇用関係が存在しない「間接雇用」で人材派遣会社・業務請負会社で就労する者の比率が高いのは，ブラジル人労働者の52.8%，次いでペルー人労働者の41.6%である。ペルー国籍者は，日本における外国人労働者の1.7%と少ないので特異なケースと捉え

るべきであるが,福田（2015）によれば,ペルー国籍者が少ない理由は,1990年代の日本への入国者数,退去強制人員数,「不法滞在者」数が多かったため,ペルー人は大量に来日したブラジル人に比べて出入国の自由が制限され,入国後も摘発の危険にさらされ未登録の者が多かったとし,そのような状況からペルー人が少ないとしている。そして,派遣社員,請負社員従事者の比率が高いのはフィリピン人労働者の26.0%,ネパール人労働者の22.7%である。

　日系ブラジル人労働者は,人材派遣会社,業務請負会社で就労しているケースが他の国籍者に比べて非常に多いといえる。図表6-1で示している製造業従事者が多いベトナム人労働者やインドネシア人労働者が図表6-2の派遣社員,請負社員従事者数に示されていない（従事者比率が低いから）理由は,出入国在留管理庁（2022a）によれば,ベトナム人労働者やインドネシア人労働者は,技能実習生が多いからである。

　以上が,日本で就労している外国人労働者全体から見た就労業種,人材派遣会社,業務請負会社への従事状況である。これらのことから,日本で就労している日系ブラジル人労働者の就労状況を俯瞰すると,他の国籍者と比較して製造業従事者が極めて多いこと,そして,最も注視されることは,人材派遣会社,業務請負会社で働いている者が圧倒的に多いことである。

6.2　日系ブラジル人労働者を対象としたアンケート調査の概要

　日系ブラジル人労働者を対象としたアンケート調査は,静岡県浜松市を中心とした都市（磐田市,湖西市などに在住している者を含む）で行った。浜松市を中心とした都市で調査を行った理由は,本書において調査を行った他県の都市よりも日系ブラジル人労働者が多く在住するためである。また,浜松市（2023）によれば,浜松市は日系ブラジル人労働者の在住数が9,931人と最も多いことから調査対象地とした。アンケート調査の質問項目は図表6-1のとおりである。

第6章　日系ブラジル人労働者の就労実態に関する調査分析　87

図表6-1　日系ブラジル人へのアンケート調査（質問項目）

質問	質問項目	有効回答数
Q1	属性（年齢，日系何世，来日年，家族構成，その他）	221
Q2	勤務先の職種（仕事の内容）	159
Q3	勤務先の雇用形態（正社員，派遣社員，請負社員，非正規社員，その他）	172
Q4	現在の勤務先の勤務年数（正社員の場合）	43
Q5	現在の勤務先の勤務年数（派遣社員，請負社員，非正規社員の場合）	110
Q6	現在の勤務先はどのようにして見つけたか（正社員の場合）	41
Q7	現在の勤務先はどのようにして見つけたか（派遣社員，請負社員，非正規社員の場合）	111
Q8	勤務先での雇用形態に満足しているか（正社員の場合）	43
Q9	勤務先での雇用形態に満足しているか（派遣社員，請負社員，非正規社員の場合）	110
Q10	現在の勤務先の賃金，休暇，福利厚生などに満足しているか（正社員の場合）	44
Q11	現在の勤務先の賃金，休暇，福利厚生などに満足しているか（正社員以外の場合）	111

出所：筆者作成

6.2.1　日系ブラジル人に対するアンケート調査の対象者の内訳

　本書において実施した日系ブラジル人に対するアンケート調査（日本語とポルトガル併記の質問紙調査，調査期間：2022年6月21日～2022年11月10日）は，360人に対して行い，男女別に男性124人（55.1％），女性101人（44.9％），男女合計225人から回答を得た（男女合計の回答率は62.5％）。男女合計225人のうち現在就労していると回答したのは，男性102人（回答者の82.3％），女性74人（回答者の78.2％）の合計176人であった（**図表6-2**）。

　年令別の就労状況を見ると，男性の場合は，25歳～54歳までの就業率は約81％であるが，55歳以降では約9％と急激に就業率が低下するという結果で

あった。総務省（2022）によれば，日本人労働者を含む男性の場合の就業率は，25歳〜54歳では93％前後であり，55歳〜64歳は87％前後，65歳以上でも約34％という就業率である。

　日本人の就労環境は，従来から引き継がれてきた雇用形態である「終身雇用」という定年まで働くことが可能であり，加えて少子高齢化社会を反映した人手不足が，60歳を過ぎても就業率の高さを示している要因であろう。

　一方，日系ブラジル人労働者の場合は，派遣社員，請負社員などの「間接雇用」での雇用形態が多く，派遣先企業の景気動向によって雇用の有無が決まる。後述するように，日系ブラジル人労働者の多くを雇用している人材派遣会社へのインタビュー調査結果でも，派遣先の中小製造業では，人材派遣会社に対して派遣されてくる日系ブラジル人労働者の年齢を45歳前後までに限定するとともに，出産や育児休暇が想定される女性を敬遠する傾向にあり，アンケート調査の結果にも表れているように，男性に比べて女性の就業者数が少ない要因でもあると推察される。

　以上のようなことから，一定の年齢以上の日系ブラジル人労働者は，派遣社員，請負社員とはいえ，容易に就職できる環境ではなくなりつつある。だからこそ，定年まで就労可能な直接雇用の正社員として働くことが可能な雇用環境が望まれる。

図表6-2　回答者の内訳と就労の有無（人数）

区分		現在仕事をしている（就労中）						
男性	年齢	15~24	25~34	35~44	45~54	55~64	65~	小計
	回答数	9	29	38	17	7	2	102
	構成比(%)	8.8	28.4	37.3	16.7	6.9	2.0	82.3
女性	年齢	15~24	25~34	35~44	45~54	55~64	65~	小計
	回答数	5	24	25	12	6	2	74
	構成比(%)	6.8	32.4	33.8	16.2	8.1	2.7	73.3
合計	年齢	15~24	25~34	35~44	45~54	55~64	65~	小計
	回答数	14	53	63	29	13	4	176
	構成比(%)	8.0	30.1	35.8	16.5	7.4	2.3	78.2

区分		現在仕事をしていない（無職）								
男性	年齢	15~24	25~34	35~44	45~54	55~64	65~	小計	無回答	合計
	回答数	3	2	1	2	6	7	21	1	124
	構成比(%)	14.3	9.5	4.8	9.5	28.6	33.3	16.9	0.8	55.1
女性	年齢	15~24	25~34	35~44	45~54	55~64	65~	小計	無回答	合計
	回答数	2	2	4	3	5	8	24	3	101
	構成比(%)	8.3	8.3	16.7	12.5	20.8	33	24	3.0	44.9
合計	年齢	15~24	25~34	35~44	45~54	55~64	65~	小計	無回答	合計
	回答数	5	4	5	5	11	15	45	4	225
	構成比(%)	11.1	8.9	11.1	11.1	24.4	33	20	1.8	100

出所：調査結果をもとに筆者作成

6.3　アンケート調査の結果分析

6.3.1　属性

　調査対象者の属性に関する回答結果は，**図表6-3**に示したとおりである。在日年数は，男女で人数は異なるものの，ともに20年以上との回答が最も多く，次いで15年以上という回答結果であり，日本での在住期間が長期化している。
　日系何世かについては，男女ともに3世が最も多く，次いで4世が多く2世は少数であった。家族構成を見ると，男女ともに5人以上が最も多かった。次いで3人以上であり，独身者と想定される1人という回答は少数であった。

在留資格を見ると，男女ともに最も多かったのは永住者であり，次いで定住者と帰化者に大きな差異はなかった。

図表6-3　アンケート調査回答者の属性（調査結果）

属性	性別	合計	区　　分				
			1年以上	5年以上	10年以上	15年以上	20年以上
在日年数	男	102	4	9	19	32	38
	女	74	1	4	16	23	30
			2世	3世	4世	日系人の配偶者	その他
日系同世	男	102	6	63	27	6	0
	女	74	3	41	23	7	0
			1人	2人	3人以上	5人以上	
家族構成	男	102	9	21	31	41	
	女	74	5	18	21	30	
			定住者	永住者	帰化	日系人の配偶者	その他
在留資格	男	102	27	47	17	9	2
	女	74	11	38	14	8	3

出所：調査結果をもとに筆者作成

6.3.2　日系ブラジル人労働者の就労先業種（調査結果）

　働いている業種についての回答結果は，製造業が男性67.6％，女性55.4％，男女合計で62.5％であった。これは，前述した厚生労働省（2022）で示されているデータから見た日系ブラジル人労働者の「製造業」従事者率39.3％と比較すれば，実態はかなり高い比率で製造業に従事しているといえる。ただし，その他の就労業種に比べて製造業への従事者率が高いという点では，厚生労働省（2022）のデータと共通している。

　アンケート調査でこのように高い製造業従事者率が結果に表れた理由として

は，本書における調査地が静岡県浜松市周辺といった製造業の集積地という地域性が調査結果に反映されたためと推察される。

その他の就労業種については，男性の場合は製造業以外はほぼ同率であった。一方，女性からの回答を見ると，男性からの回答同様に製造業で働いているとの回答が他の業種に比べて圧倒的に高い比率であったものの，「卸・小売業」で働いているとの回答も20.3％と比較的高い比率であった（**図表6-4**）。

図表6-4 日系ブラジル人労働者の就労先業種（調査結果）

区分	合計	Q1 あなたが働いている業種はどれですか					
		製造業	建設業	卸小売業	事務的職業	飲食業	その他・無回答
	176 100.0%	110 62.5%	9 5.1%	22 12.5%	8 4.5%	10 5.7%	17 9.7%
男性	102 58.0%	69 67.6%	8 7.8%	7 6.9%	4 3.9%	5 4.9%	9 8.8%
女性	74 42.0%	41 55.4%	1 1.4%	15 20.3%	4 5.4%	5 6.8%	8 10.8%

出所：調査結果をもとに筆者作成

6.3.3 日系ブラジル人労働者の雇用形態（調査結果）

現在の雇用先での雇用形態についての回答結果は，派遣社員・請負社員との回答が，男性58人（56.9％），女性31人（41.9％），男女合計で89人（50.6％）と約半数以上が「間接雇用」であった。加えて，人材派遣会社の「非正規社員」との回答が男性3人（2.9％），女性7人（9.5％）であり，前者の「間接雇用」と合わせれば，全就労者176人のうち99人（56.2％）が「間接雇用」や「非正規雇用」といった，いわゆる不安定就労層で働いていた。

一方，正社員で直接雇用されて就労している者は，男性31人（30.4％），女性13人（17.6％），男女合計で44人（25.0％）に過ぎず，正社員として直接雇用されているケースは，「間接雇用」や「非正規雇用」で就労しているケースと比較すれば，かなり低かった（**図表6-5**）。

図表6-5 日系ブラジル人労働者の雇用形態（調査結果）

区分	合計	直接雇用の正社員	直接雇用の非正規社員	間接雇用（派遣・請負）	人材派遣会社の非正規社員	自営業	その他・無回答
	176 100.0%	44 25.0%	24 13.6%	89 50.6%	10 5.7%	5 2.8%	4 2.3%
男性	102 58.0%	31 30.4%	5 4.9%	58 56.9%	3 2.9%	4 3.9%	1 1.0%
女性	74 42.0%	13 17.6%	19 25.7%	31 41.9%	7 9.5%	1 1.4%	3 4.1%

出所：調査結果をもとに筆者作成

6.3.4 日系ブラジル人労働者の雇用形態と勤続年数（調査結果）

「直接雇用の正社員」として働いている場合と「間接雇用」で働いている場合の勤務年数の違いについて，日系ブラジル人労働者の転職行動を把握するための質問をした。雇用形態別に現在の就労先における勤続年数を見ると，正社員で直接雇用されている44人は，勤続年数5年未満が12人（27.3％），5年から10年未満が11人（25.0％）と比較的，長期間同じ就労先に勤務していることが明らかになった。10年以上勤続している者8人を加えれば，44人のうち31人（70.5％）が5年以上勤務していることになり，頻繁に転職はしていないという結果が得られた。

一方で，雇用契約の性質上，パート，アルバイト，期間工，季節工などの非正規社員の勤続年数は必然的に短期間となるが，派遣社員・請負社員等の「間接雇用」の勤続年数では，1年未満が34人（30.1％），3年未満が45人（39.8％）と，「間接雇用」や非正規雇用で就労している者113人のうち，79人（69.9％）が勤続年数3年未満という結果であった。

就労先企業に直接雇用されている正社員の場合は，勤続年数が長く転職行動は少ない。逆に「間接雇用」や非正規雇用で働いている者は，勤続年数3年未満の者が多いことから，日系ブラジル人労働者の場合，雇用形態と転職行動には関連性があると推察される（**図表6-6-A**）。

第6章 日系ブラジル人労働者の就労実態に関する調査分析　93

図表6-6-A　雇用形態別の勤続年数（調査結果）

区分	合計	Q3　現在，直接雇用の正社員で働いている方と間接雇用，非正規社員で働いている方にお聞きします。現在の会社の勤務年数は何年ですか					
		1年未満	3年未満	5年未満	10年未満	10年以上	その他・無回答
	157 100.0%	38 24.2%	53 33.8%	33 21.0%	20 12.7%	9 5.7%	4 2.5%
直接雇用の正社員	44 100.0%	4 9.1%	8 18.2%	12 27.3%	11 25.0%	8 18.2%	1 2.3%
間接雇用・非正規社員	113 100.0%	34 30.1%	45 39.8%	21 18.6%	9 8.0%	1 0.9%	3 2.7%

出所：調査結果をもとに筆者作成

　転職行動を繰り返していると推察される勤続3年未満の日系ブラジル人労働者を分析すると，勤続年数が3年未満の者は**図表6-6-A**に示したように1年未満が38人，3年未満が53人の合計91人である。これを男女別に見ると**図表6-6-B**で示したように，男性が44人（48.4％）で女性が47人（51.6％）であり，3年未満という勤続年数の括りでは女性の人数が男性の人数を上回っている。年齢別に見ると，男女ともに25歳～44歳までの年齢層に勤続年数3年未満のものが多く，男女で差異は見られない。

　以上のことから男女別に見た間接雇用，非正規雇用での就労者は，**図表6-7**で示したように女性よりも男性が多いにもかかわらず，勤続年数3年未満の日系ブラジル人労働者は，女性の方が多い。その要因については本章では明らかにしていないが，男性よりも女性の方が頻繁に転職行動を繰り返しているという結果であった（**図表6-6-B**）。

図表6-6-B　間接雇用・非正規雇用の勤続3年未満の内訳（調査結果）

	年齢（歳）		勤続年数3年未満の男女別・年齢別内訳					
			15～24	25～34	35～44	45～54	55～64	65以上
間接雇用・非正規社員	合計	91 100.0%	4 4.4%	30 33.0%	37 40.7%	15 16.5%	4 4.4%	1 1.1%
	男性	44 48.4%	3 3.3%	14 15.4%	17 18.7%	8 8.8%	2 2.2%	0 0.0%
	女性	47 51.6%	1 1.1%	16 17.6%	20 22.0%	7 7.7%	2 2.2%	1 1.1%

出所：調査結果をもとに筆者作成

6.3.5　日系ブラジル人労働者の再就職・転職のための求職ルート（調査結果）

　現在の会社に就職する際の求職または転職ルートについての回答結果を雇用形態別に見ると，正社員で直接雇用されている場合は，44人のうち22人（50.0％）がハローワークや国際交流協会等の公的機関を通じて求職していることがわかった。

　一方で，「間接雇用」や非正規社員で働いている日系ブラジル人労働者の場合，ハローワークや国際交流協会等の公的機関を通じて求職したと回答した者は，113人のうち32人（28.3％）に過ぎず，人材派遣会社を通じた就職が51人（45.1％）と最も多く，次いで家族や同国籍の友人・知人を通じた就職が19人（16.8％）であった（**図表6-7**）。

図表6-7 再就職・転職の求職ルート（調査結果）

区分	合計	Q4 現在，直接雇用の正社員で働いている方と間接雇用，非正規社員で働いている方にお聞きします。現在働いている会社はどのようにして見つけましたか					
		ハローワーク，国際交流協会など	人材派遣会社	日本人の知人や友人	家族や同国籍の友人・知人	新聞・求人誌などの広告	その他・無回答
	157 100.0%	54 34.4%	53 33.8%	18 11.5%	25 15.9%	2 1.3%	5 3.2%
直接雇用の正社員	44 100.0%	22 50.0%	2 4.5%	10 22.7%	6 13.6%	1 2.3%	3 6.8%
間接雇用・非正規社員	113 100.0%	32 28.3%	51 45.1%	8 7.1%	19 16.8%	1 0.9%	2 1.8%

出所：調査結果をもとに筆者作成

6.3.6 日系ブラジル人労働者の雇用形態に対する満足度（調査結果）

　雇用形態の満足度についての回答結果を雇用形態別に見ると，正社員での直接雇用の場合は，「満足」と回答した者は，44人のうち21人（47.7％），「ほぼ満足」と回答した者が5人（11.4％）であり，これらの回答を合計すると，44人のうち26人（59.1％）の者が，現在の就労先における雇用形態に「満足」または「ほぼ満足」していることがわかった。

　一方で，就労先での雇用形態が派遣社員・請負社員などの「間接雇用」，または非正規雇用の場合は，「満足」と回答した者は，113人のうち18人（15.9％），「ほぼ満足」と回答した者は13人（11.5％）であり，これらを合計すると31人（27.4％）であったのに対して，「やや不満」と回答した者は43人（38.1％），「不満」と回答した者は21人（18.6％）で，これらを合計すると113人のうち64人（56.6％）の者が現在の雇用形態に満足していないと回答し，正社員で直接雇用されている場合とは逆の結果であった（**図表6-8**）。

図表 6-8 雇用形態別に対する満足度（調査結果）

区分	合計	Q5 現在，直接雇用の正社員で働いている方と間接雇用，非正規社員で働いている方にお聞きします。現在の雇用形態（正社員や派遣社員など）に満足していますか					
		満足	ほぼ満足	どちらでもない	やや不満	不満	その他・無回答
	157 100.0%	39 24.8%	18 11.5%	23 14.6%	49 31.2%	24 15.3%	4 2.5%
直接雇用の正社員	44 100.0%	21 47.7%	5 11.4%	8 18.2%	6 13.6%	3 6.8%	1 2.3%
間接雇用・非正規社員	113 100.0%	18 15.9%	13 11.5%	15 13.3%	43 38.1%	21 18.6%	3 2.7%

出所：調査結果をもとに筆者作成

6.3.7 日系ブラジル人労働者のその他就労先の処遇満足度（調査結果）

　雇用形態別に就労先における処遇への全体的な満足度について質問した結果，直接雇用の正社員で雇用されている場合は，「満足」と回答した者は44人のうち20人（45.5％），「ほぼ満足」と回答した者が6人（13.6％）であった。これらを合計すると26人（59.1％）と約6割の者が「満足」または「ほぼ満足」と回答した。「やや不満」または「不満」との回答は，44人のうち12人（27.3％）であり，全体的には満足しているという結果が得られた。

　一方で，就労先での雇用形態が派遣社員・請負社員などの「間接雇用」または非正規雇用の場合は，「満足」と回答した者は113人のうち16人（14.2％）に過ぎず，「ほぼ満足」と回答した者11人（9.7％）を加えても，27人（23.9％）であったのに対して，「やや不満」，または「不満」と回答した者は，113人のうち67人（59.3％）であった。これは質問項目Q5（**図表6-8**）での質問に対する回答結果と共通しており，派遣社員，請負社員などの雇用形態が，他の処遇面においても不満として現われている（**図表6-9**）。

図表6-9　就労先におけるその他の満足度（調査結果）

区分	合計	Q6 現在，直接雇用の正社員で働いている方と間接雇用，非正規社員で働いている方にお聞きします。現在の勤務先の賃金，休暇，福利厚生などに満足していますか					
		満足	ほぼ満足	どちらでもない	やや不満	不満	その他・無回答
	157 100.0%	36 22.9%	17 10.8%	23 14.6%	57 36.3%	22 14.0%	2 1.3%
直接雇用の正社員	44 100.0%	20 45.5%	6 13.6%	6 13.6%	9 20.5%	3 6.8%	0 0.0%
間接雇用・非正規社員	113 100.0%	16 14.2%	11 9.7%	17 15.0%	48 42.5%	19 16.8%	2 1.8%

出所：調査結果をもとに筆者作成

6.3.8　日系ブラジル人労働者へのアンケート調査の分析（調査結果）

　日系ブラジル人労働者に対して行ったアンケート調査の結果を分析すると，就業先の業種は製造業が6割以上を占め，雇用形態としては就業先の中小製造業から雇用されているのではなく，人材派遣会社や業務請負会社の社員として，就労先の中小製造業に派遣されて就業している者が約5割を超えていた。

　なぜ，製造業で就労し，また，なぜ派遣社員，請負社員が多いのだろうか。まず，日系ブラジル人労働者は，「デカセギ」を目的として来日した者が多く，特段の技術や知識を有して来日したのではない。したがって，彼らの就労先は，必然的に高度な日本語会話能力も必要とせず，組立作業，ライン作業といった単純労働で雇用してもらえる中小製造業が多くなる。

　しかも，本書で調査を行った地域は，輸送機器や電機製品などの世界的なメーカーとそれを幾重にも取り巻く中小下請製造業の集積地である，輸送機器産業や電機製品産業が集積する群馬県太田市や伊勢崎市，そして邑楽郡大泉町，本田技研工業，ヤマハ，スズキなどの輸送機器や楽器産業が集積する静岡県浜松市，磐田市，袋井市などの静岡県の西部地域，さらにトヨタ自動車を中心とした輸送機器産業が集積する愛知県豊橋市，名古屋市，岡崎市などの，日系ブ

ラジル人の製造業従事者が多い地域だからである。

　派遣社員，請負社員などの「間接雇用」の雇用形態で就労している日系ブラジル人労働者が多いのは，彼らが「デカセギ」で来日するようになった1990年の入管法改正以降，日常的に日系ブラジル人労働者と就労先中小製造業との間に，人材派遣会社や業務請負会社が介在してきたからである。それは入管法改正から30年以上が経過した今日においても同様である。アンケート調査の結果から見ると，日系ブラジル人労働者が再就職・転職をする際の紹介（仲介）ルートを人材派遣会社や業務請負会社，そして人材派遣会社や業務請負会社で働いている家族，同国籍の友人・知人などに求めているという調査結果が見られ，このことが彼らの雇用形態として派遣社員，請負社員等の「間接雇用」が多い要因であると分析する。

　先行研究において，日系ブラジル人労働者は高賃金，好待遇の働き場所を求めて頻繁に転職することが多いと指摘されてきた。本書の調査においても，就労先中小製造業に正社員として直接雇用されている場合と，人材派遣会社や業務請負会社に雇用されて派遣社員，請負社員として就労している場合の勤続年数を見ると，明らかに正社員で雇用されている場合の方が，同一会社に長期間勤続していた。日系ブラジル人労働者の多くが「間接雇用」という雇用形態に置かれていることからすれば，転職が多いのは当然のことといえる。

　しかし，先行研究でも指摘されてきたように，日系ブラジル人労働者が頻繁に転職するのは，何も賃金やその他の待遇面に不満があるからではなく，「間接雇用」という雇用形態に不満を抱き，安定した就労環境の下で働くことを望んでいるからである。これらのことから日系ブラジル人労働者の頻繁な転職行動は，彼らの雇用形態と関連していると分析する。なお，分析結果をまとめると**図表6-10**のようになる。

図表 6-10 日系ブラジル人労働者に対するアンケート調査のまとめ

質問	質問項目	結果のまとめ
Q1	属性	・男女の人数は，男性124人，女性101人であった。 ・年齢は男女ともに25歳～44歳が全体の50％前後を占めていた。 ・在日年数は男女ともに15年以上が最も多く，次いで10年以上が多かった。 ・家族構成は5人以上が最も多く，次いで3人以上が多かった。 ・在留資格等は，日系3世が最も多く，永住者資格を取得している者が多い。
Q2	勤務先の業種	・製造業への従事者が多い。
Q3	勤務先の雇用形態	・間接雇用と非正規雇用が全体の約55％であるのに対し，正社員での雇用は15％と低い。
Q4	現在の勤務先の勤務年数（正社員の場合）	・5年未満，10年未満が多く長期勤続者が多い。
Q5	勤務先の勤務年数（派遣社員，請負社員，非正規社員）	・3年未満が最も多く，次いで1年未満が多かった。女性の短期間勤務が多い。
Q6	現在の勤務先はどのようにして見つけたか（正社員の場合）	・ハローワークや国際交流協会を介しての就職が多かった。
Q7	現在の勤務先はどのようにして見つけたか（派遣社員，請負社員，非正規社員の場合）	・最も多い紹介ルートは人材派遣会社を介してであった。次いで家族，友人など。
Q8	勤務先の雇用形態に満足しているか（正社員の場合）	・約48％が満足と回答した。
Q9	勤務先の雇用形態に満足しているか（正社員以外の場合）	・やや不満との回答が約43％，不満が約17％であった。
Q10	現在の勤務先の賃金，休暇，福利厚生などに満足しているか（正社員の場合）	・やや不満が約20％あるが，満足が約46％で最も多かった。
Q11	現在の勤務先の賃金，休暇，福利厚生などに満足しているか（正社員以外の場合）	・満足度は低く，やや不満が約43％で，不満との回答が約17％であった。

出所：調査結果をもとに筆者作成

6.4 インタビュー調査の概要

6.4.1 日系ブラジル人へのインタビュー調査

　日系ブラジル人が集住している都市の中でも，群馬県で在留者が多い邑楽郡大泉町，伊勢崎市，太田市，静岡県で在留者が多い浜松市，磐田市，袋井市，愛知県で在留者が多い豊橋市，豊田市，名古屋市から，各都市1人ずつ合計9人に対してインタビュー調査を行った。

　各都市におけるインタビュー調査対象者の選定については，群馬県では大泉国際交流協会（OIA），伊勢崎市国際交流協会（IIRR），太田市国際交流協会（OIA）の協力を得て，邑楽郡大泉町，伊勢崎市，太田市に在住して就労している日系ブラジル人労働者で，会員として登録されている者のうち，無作為に抽出した3名を対象者とした（図表6-11）。

　静岡県における日系ブラジル人労働者へのインタビュー対象者の選定については，静岡県国際交流協会（SIR），浜松国際交流協会（HICE），浜松市で開校している南米系外国人学校の子弟が通うムンド・デ・アレグリア（Mundo de Alegria）学校の協力を得て，磐田市，袋井市に在留就労している日系ブラジル人労働者で，会員として登録されている者の中から無作為に抽出した2名，南米系外国人学校の生徒の父兄で，浜松市在住者の中から無作為に1名を抽出してもらいインタビュー対象者とした（図表6-12）。

　愛知県における日系ブラジル人労働者へのインタビュー対象者の選定については，豊橋市国際交流協会（TIA），豊田市国際交流協会（TIA），愛知県国際交流協会（AIA）の協力を得て，会員として登録されている者の中から，無作為に抽出した豊橋市在住者1名，豊田市在住者1名，名古屋市在住者1名の日系ブラジル人労働者をインタビュー対象者とした（図表6-13）。

　なお，インタビューの方法は半構造化面接法によって行い，インタビューを行った9名の属性等については以下に示したとおりである。また，主な質問事項については，図表6-14に明示したとおりである。

　インタビューの実施にあたっては，コロナ感染症の影響に配意したこと及び本人からの申し出のあった一部の日系ブラジル人労働者（2名）については，

インタビューを行った時期は，コロナ感染症などの背景があり，対面でのインタビューは好まないインタビュー対象者については筆者がホストとなり，Zoomを使用したリモートによるインタビューとなった。

調査年月日及び調査時間は，**図表6-11**，**図表6-12**，**図表6-13**に示したとおりである。

図表6-11 群馬県で行ったインタビュー対象者の属性

区分 氏名	調査年月日 調査時間	年齢 在留資格	在日年数 日系	居住地	面接方法 面接場所
A氏 男性	2022年7月17日 11時～12時	43歳 永住者	18年 3世	邑楽郡大泉町	対面 大泉町内
B氏 男性	2022年7月17日 17時～18時	36歳 定住者	15年 3世	伊勢崎市	対面 伊勢崎市内
C氏 女性	2022年8月10日 10時～11時	37歳 永住者	21年 3世	太田市	リモート

出所：筆者作成

図表6-12 静岡県で行ったインタビュー対象者の属性

区分 氏名	調査年月日 調査時間	年齢 在留資格	在日年数 日系	居住地	面接方法 面接場所
D氏 男性	2022年7月21日 10時～11時	52歳 永住者	29年 3世	浜松市	対面 浜松市内
E氏 女性	2022年7月22日 11時～12時	35歳 定住者	17年 3世	磐田市	対面 磐田市内
F氏 女性	2022年7月22日 14時～15時	35歳 永住者	17年 3世	袋井市	対面 袋井市内

出所：筆者作成

図表6-13　愛知県で行ったインタビュー対象者の属性

区分 氏名	調査年月日 調査時間	年齢 在留資格	在日年数 日系	居住地	面接方法 面接場所
G氏 男性	2022年6月8日 10時～11時	48歳 永住者	30年 3世	豊橋市	対面 豊橋市内
H氏 男性	2022年6月14日 13時～14時	53歳 永住者	31年 3世	豊田市	対面 豊田市内
I氏 女性	2022年6月20日 14時～15時	45歳 永住者	15年 3世	名古屋市	リモート

出所：筆者作成

図表6-14　日系ブラジル人労働者へのインタビューでの主な質問項目

質問番号	質問区分	質問内容
1	属性	・氏名，性別，年齢，在留資格，在日年数，現在の居住地，その他
2	来日の動機など	・母国での職業（主な業種，職種） ・来日の理由，来日の形態（家族同伴・単身など），その他
3	現在の職業	・仕事先の業種，仕事先での職種 ・現在の就職先はどのようにして見つけたか ・来日後の転職回数，その他
4	雇用上の身分	・現在の雇用形態（直接雇用の正社員，派遣・請負社員，非正規社員） ・雇用形態に対する満足度 ・現在の雇用形態で就労している理由 ・希望する雇用形態，その他
5	仕事に対する満足度	・現在の職種に満足しているか ・賃金に満足しているか ・勤務日数，休暇など ・就労先への要望など，その他
6	その他	・現在の居住地を選んだ理由 ・その他インタビューの流れに応じた質問 ・解雇，雇い止めの経験はあるか

出所：筆者作成

6.4.2　人材派遣会社，ハローワーク等公的機関への インタビュー調査

　多くの日系ブラジル人労働者を採用している人材派遣会社は，彼らをどのような方法と意識で雇用しているのか。入管法改正以降，日系ブラジル人労働者が最も集住している都市である浜松市で操業している人材派遣会社2社へのインタビュー調査を行った（**図表6-15**）。

　また，彼らの就職や転職に関係すると考えられるハローワーク，日系ブラジル人だけではなく外国人に対する諸々の対応を行っている国際交流協会へのインタビュー調査も行った（**図表6-16**）。彼らが就職や転職に際してハローワークや国際交流協会とどのように関わっているのかをインタビュー調査で明らかにすることが目的である。

　インタビューの方法は半構造化面接法で行い，主な質問事項は**図表6-17**に明示したとおりである。なお，調査日などについては人材派遣会社が2023年11月2日及び2023年11月3日に行った。調査時間については**図表6-15**に示したとおりである。ハローワーク浜松及び浜松国際交流協会へのインタビュー調査は，2023年10月31日及び2023年11月1日に行い，調査時間については**図表6-16**に示したとおりである。

図表6-15 インタビュー調査先（人材派遣会社）の属性

調査年月日	調査先企業	所在地	担当者	面接方法
調査の時間				面接場所
2023年11月3日	A社	浜松市中区	代表取締役	対面インタビュー
10時00分～11時40分				A社社長室
企業概要					
設立	1988年			
資本金	1,000万円			
従業員数	200人（その他事務職員等11人）			
外国人内訳	すべて日系ブラジル人			
事業内容	一般労働者派遣事業，有料職業紹介事業，申請取次			

調査年月日	調査先企業	所在地	担当者	面接方法
調査の時間				面接場所
2023年11月2日	B社	浜松市中区	代表取締役	対面インタビュー
15時00分～16時00分				B社応接室
企業概要					
設立	1990年			
資本金	1,000万円			
従業員数	580人（その他事務職員等約50人）			
外国人内訳	日系ブラジル人，日系ペルー人，その他の日系人			
事業内容	一般労働者派遣事業，有料職業紹介事業，申請取次，車両修理販売業，火災保険代理店，不動産管理業			

出所：調査結果をもとに筆者作成

図表6-16 インタビュー調査先（ハローワーク・国際交流協会）の属性

調査年月日	調査先企業	所在地	担当者	面接方法
調査の時間				面接場所
2023年11月1日	浜松公共職業安定所 ハローワーク浜松	浜松市中区	外国人労働者専門官	対面インタビュー
13時30分～14時30分				静岡県セイブ自動車学校
2023年10月31日	浜松国際交流協会 略称：HICE	浜松市中区	外国人支援課長	対面インタビュー
14時30分～15時30分				HICE会議室

出所：調査結果をもとに筆者作成

図表 6-17　人材派遣会社・ハローワーク・国際交流協会への主な質問項目

	質問区分	質問内容
人材派遣会社	企業概要	・創業，営業の拠点，社員数，資本金，雇用対象の外国人国籍，その他
	派遣先企業	・主な派遣先（契約先） ・派遣先の地域 ・派遣先の業種，派遣社員の仕事内容など，その他
	社員募集	・社員募集の方法など ・社員募集の媒体（ブラジル，日本） ・来日後の転職回数，その他
	業界の課題	・社員の勤続年数，転職に関して ・派遣先からの要望など ・派遣先への転職など ・その他インタビューの流れに応じた質問

	質問区分	質問内容
ハローワーク	日系ブラジル人の相談	・就職相談件数など ・来所者の年齢層 ・相談の内容，要望など
	企業からの求人	・企業からの求人の有無など ・求人企業の業種，規模 ・企業からの求人に関する要望など
	雇用形態に関して	・派遣社員という雇用形態に対する考え方 ・その他

	質問区分	質問内容
国際交流協会	業務内容	・事業の内容について ・組織について
	外国人の相談	・相談者の多い外国人の国籍 ・日系ブラジル人の来所数について ・相談内容について（就職・転職など） ・日系ブラジル人の日本語能力
	雇用形態に関して	・来所する日系ブラジル人の就労状況 ・日系ブラジル人の雇用形態に関する国際交流協会としての考え方 ・その他

出所：筆者作成

6.5 インタビュー調査の結果分析

6.5.1 群馬県の日系ブラジル人労働者 3 人への インタビュー調査結果のまとめ

　群馬県において行った日系ブラジル人労働者に対するインタビュー調査は，**図表 6-11**で示したように男性 2 人と女性 1 人に対して行った。この 3 人の日本在住歴は15年以上であり，3 人の年齢層は30代から40代で中年層であった。また，3 人のうち 2 人はすでに永住権を取得している。3 人のインタビュー調査結果をまとめると以下のようになる。

　A氏は来日して18年になる日系 3 世，永住権を取得済みの43歳の既婚男性で，妻と日本で生まれた 2 人の子どもの 4 人家族である。現在は三洋電機の東京製作所で派遣社員として働いている。仕事の内容や賃金，休暇などの待遇面に不満はないようであるが，このままでは不況になるとリストラされることもあるので，できれば正社員で働くことを希望している（**図表 6-18**）。

　B氏は来日して15年の日系 3 世で36歳の男性である。現在はSUBARUの下請工場で，派遣社員として自動車部品の組み立てラインの仕事をしている。仕事の内容や処遇は満足しているし，残業が多い方が給料も増えるので良いといいつつ，将来的には正社員で働きたいが，ブラジル人が正社員になるのは難しいと考えている（**図表 6-19**）。

　C氏は日系 3 世で37歳の既婚女性（配偶者は日系ブラジル人）である。両親とともに来日して21年になる。以前は現在働いている人材派遣会社で正社員として働いていたが，子どもが生まれたことを契機に，事務のパート社員として継続して働いている。日本語，ポルトガル語も堪能のため仕事にも満足している（**図表 6-20**）。

図表 6-18　群馬県A氏へのインタビュー結果

	主な質問項目	結果のまとめ
群馬県A氏	①属性など	・群馬県邑楽郡大泉町に在住，43歳，日系3世の男性。 ・家族は妻と日本で生まれた子ども2人の4人家族である。 ・2004年に来日しており，日本在住は18年である。
	②来日の動機など	・ブラジルでは仕事も少なく，安定した仕事がなかった。 ・すでに来日していた友人の紹介で来日した。
	③現在の職業の紹介者と雇用形態など	・三洋電気東京工場で組み立てラインの仕事をしている。 ・人材派遣会社からの派遣社員（本人は正社員と言っているが，人材派遣会社の正社員）
	④仕事に対する満足度など	・給与や休暇については特段不満はない。 ・仕事の内容についてはどちらともいえないが，現在の雇用形態には不安を抱いている様子。

出所：調査結果をもとに筆者作成

図表 6-19　群馬県B氏へのインタビュー結果

	主な質問項目	結果のまとめ
群馬県B氏	①属性など	・群馬県邑楽郡大泉町に在住，36歳，日系3世の男性である。 ・2007年，21歳の時に来日している。 ・在留資格は定住者である。
	②来日の動機など	・父親が日本に行くことを決めたので，家族4人で父親の親戚を頼って来日した。 ・来日当初は三重県鈴鹿市の人材派遣会社で働いていたが，家族4人とも解雇されたので，友人の紹介で伊勢崎市に来たとのことである。
	③現在の職業の紹介者と雇用形態など	・現在は，伊勢崎市内に住み，「SUBARU」の工場で自動車部品の製造の仕事をしている。雇用形態は派遣社員である。
	④仕事に対する満足度など	・現在の仕事は組み立てラインの仕事で，ほぼ満足して働いている。正社員で働きたいが，ブラジル人が正社員になるのは難しいとのことであった。 ・残業が多いが，その分給料が増えるのでその方が良いとのことであった。

出所：調査結果をもとに筆者作成

図表6-20 群馬県C氏へのインタビュー結果

	主な質問項目	結果のまとめ
群馬県C氏	①属性など	・群馬県太田市在住の日系3世、来日して21年になる37歳の既婚女性である。来日後、日系ブラジル人と結婚し、日本で生まれた子ども1人がいる。
	②来日の動機など	・日本に「デカセギ」に来ていた叔父に誘われて、父親、母親と一緒に来日した。ブラジルでは父親も失業していたので、父親も自分たちも4、5年日本で働いて帰るつもりだったとのことで、典型的な「デカセギ」目的での来日である。
	③現在の職業の紹介者と雇用形態など	・市内の人材派遣会社の事務員として働いている。以前はこの会社で事務員として正社員として働いていたが、子供が生まれてからはパート社員として働いている。
	④仕事に対する満足度など	・現在の派遣会社は日系ブラジル人、ペルー人が多く、日本語とポルトガル語を使って仕事ができるので楽しいとのことで、仕事には満足している。

出所:調査結果をもとに筆者作成

6.5.2 静岡県の日系ブラジル人労働者3人へのインタビュー調査結果のまとめ

　静岡県での日系ブラジル人労働者へのインタビュー調査は、図表6-12で示したとおり、男性1人と女性2人の3人に対して行った。3人の年齢は男性が52歳で、女性は2人ともに35歳である。3人は来日して17年から29年と、日本に長期滞在しており、男性と女性の1人はすでに永住権を取得し、他の女性1人は定住者である。

　D氏は1993年に来日した52歳の日系3世の男性である。「デカセギ」目的で来日した日系ブラジル人労働者としては、入管法改正直後の来日であり、妻と日本で生まれた2人の子どもの4人家族で、約30年間日本に滞在している。来日したきっかけはブラジルで日本への「デカセギ」希望者の募集に応募したことであり、短期間で帰国する予定で来日したものの、帰国してもブラジルではこれといった仕事もないので、日本に住み続けている。愛知県岡崎市や知立市の人材派遣会社を経て、現在はブラジル出身の友人の紹介で、静岡県浜松市の人材派遣会社で働いており、来日以来人材派遣会社の派遣社員として働き続け

てきた。現在の派遣先は自動車部品製造の会社で，製品の検査をする仕事をしており，仕事については満足している（**図表6-21**）。

E氏は来日して17年の日系3世の35歳になる女性である。両親と兄2人の5人で来日して3年後に日系ブラジル人の夫と結婚し，現在，小学生の子ども2人がいる。父親の友人の勧めもあり，家族で話し合って来日を決めた。来日後，いくつかの人材派遣会社の派遣社員として働いていたが，子どもが生まれたのをきっかけに，現在の会社（二輪車の部品製造会社）でパート社員として働いている。まだ子どもも小さいのでパート社員で働くこと自体には，満足しているし，帰国は考えていない（**図表6-22**）。

F氏は17年前に来日した35歳の既婚女性である。高校卒業直後の18歳の時に両親とともに来日し，来日8年後に日本人の夫と結婚して，幼稚園と小学校に通う2人の子どもがいる。夫が日本人であることから，彼女の在留資格は「日本人の配偶者」である。現在は磐田市内のブラジル人向けのレストラン（エスニック・レストラン）でパート社員として働いている。仕事については裏方的な仕事であるが，特段不満はなく満足して働いている（**図表6-23**）。

図表6-21 静岡県D氏へのインタビュー結果

	主な質問項目	結果のまとめ
静岡県D氏	①属性など	・静岡県浜松市在住の日系3世，52歳の男性，家族は4人，1993年に来日，日本滞在は約30年，在留資格は「永住者」。
	②来日の動機など	・ブラジルでは高等学校創業後，アルバイト社員として働いていたが，日本への「デカセギ」希望者の募集を見て応募したことが来日のきっかけである。 ・短期間で帰国する予定であったが，帰国しても良い就職先はないので，日本で働き続けている。今後も帰国することは考えていない。
	③現在の職業の紹介者と雇用形態など	・来日以来，いくつかの人材派遣会社の派遣社員として働いてきた。現在の人材派遣会社や同国籍者の友人の紹介で就職。 ・人材派遣会社は異なるが，派遣社員なので雇用形態は「間接雇用」である。
	④仕事に対する満足度など	・現在の派遣先は，自動車部品製造の下請中小製造業である。派遣先での主な仕事は製品検査であるが，仕事内容には不満はなく，概ね満足しているようである。

出所：調査結果をもとに筆者作成

図表6-22 静岡県E氏へのインタビュー結果

主な質問項目	結果のまとめ
①属性など	・静岡県磐田市在住の日系3世、35歳の既婚女性、「永住者」の在留資格を取得済み、家族は夫、子ども2人の4人家族で両親、兄2人も近隣で暮らしている。
②来日の動機など	・来日していた父の友人の勧めもあり、両親、兄など家族で話し合って、2005年に家族全員で来日した。日本滞在は16年になる。 ・日本で生まれた2人の子ども（小学生）のこともあり、今後も日本に住み続けるようである。
③現在の職業の紹介者と雇用形態など	・人材派遣会社の派遣社員として働いていたが、現在は磐田市内の二輪車用部品の製造工場で、パート社員として働いている。人材派遣会社から現在の会社に転職したきっかけは、解雇されたからである。
④仕事に対する満足度など	・現在の主な仕事内容は、完成部品の仕分けである。同国籍者が多く働いているので、自分も楽しく働いている様子。派遣社員の時よりも給料は少なくなったが不満はない。

出所：調査結果をもとに筆者作成

図表6-23 静岡県F氏へのインタビュー結果

主な質問項目	結果のまとめ
①属性など	・静岡県袋井市在住の日系3世、35歳の女性、家族は4人。2005年に18歳の時に両親に同行して来日、日本滞在は17年で、来日後結婚して夫、幼稚園に通う2児の4人家族、在留資格は「永住者」。
②来日の動機など	・両親が「デカセギ」目的で来日を決めたので、一緒に来ることとなった。当時は高校を卒業した直後であったので、両親とともに日本に来る選択しかなかった。来日直後は日本語も話せず苦労した。
③現在の職業の紹介者と雇用形態など	・来日後は、両親と同じ人材派遣会社で働いていたが、その後夫が探してくれたビル清掃会社で働き、現在ブラジル出身者が経営する「エスニック料理のレストラン」でパート社員で働いている。主な仕事は調理場での補助である。
④仕事に対する満足度など	・子どもが小さいので、フルタイムで働くことは難しいため、今はパート社員で働くことで満足との様子。

出所：調査結果をもとに筆者作成

6.5.3 愛知県の日系ブラジル人労働者3人へのインタビュー調査結果のまとめ

愛知県の日系ブラジル人労働者へのインタビュー調査は、**図表6-13**で示し

たように3人に対して行った。男性が2人と女性が1人で，40代半ばから50代前半であり，すべて日系3世で3人ともに在留資格は「永住者」である。日本での滞在期間は女性が15年であるが，他の男性2人はともに30年以上滞在している。

　G氏は48歳の日系3世の男性で，18歳で来日して30年になる。在日の日系ブラジル人労働者の中でも長い滞在者に該当する。すでに「永住者」の在留資格を取得しており，この先も日本で暮らすと決めている。来日後結婚した妻（43歳）も日系ブラジル人であり，17歳になる高校生の息子，母親（73歳）と4人で暮らしている（**図表6-24**）。

　H氏は1991年に来日した53歳，日系3世の，在留資格「永住者」を取得している男性である。在日期間が30年以上と日本に在留している日系ブラジル人の中でも，在留期間が長い方に該当する日系ブラジル人でもある。来日5年後に日系ブラジル人の女性と結婚し，24歳の息子，21歳と19歳の娘の5人家族である。友人の紹介で来日し，来日後は数社の人材派遣会社を転々として，現在も人材派遣会社の派遣社員として働いている。「間接雇用」の派遣社員に満足しているわけではなく，当面の生活維持のための派遣社員であって，正社員で働きたい気持ちもあるが，中々，正社員で雇用してくれる会社はなく，半ばあきらめ気味のようである（**図表6-25**）。

　I氏は来日して15年，45歳，日系3世の既婚女性である。すでにブラジルで結婚している同じ年齢の夫とともに30歳の時に「デカセギ」で来日した。来日後4年目に長女（現在11歳），6年目に長男（現在9歳）が生まれている。すでに友人たちも日本に来ており，ブラジルで人材派遣会社の募集に応募したことが来日のきっかけである。

　現在は名古屋市の人材派遣会社で働き，自動車部品工場に派遣されている。夫も人材派遣会社で働いているが，夫には正社員として働いてもらうことを希望している（**図表6-26**）。

図表6-24　愛知県G氏へのインタビュー結果

	主な質問項目	結果のまとめ
愛知県G氏	①属性など	・愛知県豊橋市在住の日系3世、48歳男性、在留資格は「永住者」で家族は妻、子ども1人の3人家族、来日後30年。
	②来日の動機など	・ブラジルに兄を残して、父親、母親と本人の3人で来日した。 ・ブラジルで旅行会社が「デカセギ」の募集をしていたので、父親が応募して来日した。 ・当時のブラジルでは、盛んに「デカセギ」希望者の募集をしていたし、多くの人が応募していたので抵抗はなかった。
	③現在の職業の紹介者と雇用形態など	・来日後は家族3人で愛知県西尾市の人材派遣会社で働いたが、2008年頃に景気が悪くなって、働いていた人材派遣会社を家族3人とも解雇されたので、豊橋の人材派遣会社に転職した。 ・現在は豊橋で自動車の電装品を作る会社で正社員として働いている。 ・今の会社はハローワークで紹介してもらった。
	④仕事に対する満足度など	・小さな会社だけど、派遣社員の時よりも給料も少し良くなり、派遣社員のように解雇される心配もないので、満足しているといった。

出所：調査結果をもとに筆者作成

図表6-25　愛知県H氏へのインタビュー結果

	主な質問項目	結果のまとめ
愛知県H氏	①属性など	・愛知県豊田市在住の日系3世、来日31年になる53歳の男性、在留資格は「永住者」、1992年に来日しており、在日日系ブラジル人労働者としては在留期間は最も長い。 ・家族は妻と3人の子どもの5人家族。
	②来日の動機など	・ブラジルで友人の兄弟が「デカセギ」で日本に来ていたので、誘われて来日した。日本で少し働いて帰国するつもりだったが、帰国しても仕事が見つからないので、そのまま日本にいることにした。
	③現在の職業の紹介者と雇用形態など	・人材派遣会社を5回くらい変わり、今の人材派遣会社で働いている。今は自動車関係のバッテリーを製造する会社に派遣されている。典型的な「間接雇用」から「間接雇用」というパターンで長年にわたって働いている。
	④仕事に対する満足度など	・満足か否かというよりも、派遣社員という働き方しか考えられず、年齢的なことも含めて派遣社員で働き続けることに妥協しているようである。

出所：調査結果をもとに筆者作成

第6章　日系ブラジル人労働者の就労実態に関する調査分析　113

図表6-26　愛知県 I 氏へのインタビュー結果

	主な質問項目	結果のまとめ
愛知県 I 氏	①属性など	・愛知県名古屋市在住の日系3世，来日15年の45歳の既婚女性。 ・在留資格は「永住者」，夫と2人の子どもの4人家族。
	②来日の動機など	・夫の友人，自分の友人も日本に行っていたので，ブラジルの人材派遣会社の募集に応募した。
	③現在の職業の紹介者と雇用形態など	・名古屋市内の人材派遣会社に所属する派遣社員，現在は自動車の部品製造工場に派遣されている。 ・現在の人材派遣会社には同国籍者の友人の紹介で就職した。
	④仕事に対する満足度など	・夫も人材派遣会社で働いているが，夫には正社員として働いてもらいたい。 ・派遣社員なので，正社員で働けるように就職先を探している。

出所：調査結果をもとに筆者作成

6.5.4　日系ブラジル人労働者へのインタビュー調査の分析

　日系ブラジル人労働者に対して実施したインタビュー調査の分析手法として，オープンコーディングによる方法を用いて調査内容をカテゴリー化して分析を行った（**図表6-27**）。さらにKHコーダーを用いた共起ネットワーク分析も行った。日系ブラジル人労働者への主な質問項目について，彼らがどのような意識を持ってインタビューに答えたのかを可視化することで知見を得た。

　オープンコーディングの分析手法によるインタビュー記録のカテゴリー化，共起ネットワーク図から分析した結果は，以下に述べるとおりである。

　来日の動機は，インタビュー調査を行った9人の来日時の年齢や家庭環境などによって異なり，「両親が日本にデカセギに行くことを決めたから」「友人に誘われたから」「親戚に誘われたから」「日本で働けば高収入になるから」等が主な理由であった。現在の職業の雇用形態については，派遣社員とパート社員がほとんどで，正社員は1人に過ぎず，アンケート調査結果で得られた雇用形態と同様の結果であった。彼らが派遣社員や請負社員として就労している要因は，来日時のブラジルでの「デカセギ」求職ルートが制度的に整備されていなかったため，人材派遣会社の現地駐在員，企業担当者の知人，ブローカー，旅行会社等が介在し，結果として，日本での就職先は，必然的に人材派遣会社や

請負会社となり,「間接雇用」に位置付けられるようになったと分析する。

　仕事に対する満足度については,賃金や休暇,福利厚生,仕事内容には不満は感じてはいないようであるが,雇用形態には不安を感じているようであった。「デカセギ」という働き方からすれば,短期間で高収入を得ることが優先される。派遣社員,請負社員の賃金は,正社員の賃金よりも高収入となる場合もあり,従来,彼らは短期間で高収入を得るために来日し,一定期間,日本で働いた後に帰国することが目的であった。

　しかし,彼らの日本における在留の目的が,「デカセギ」から「永住」へと変化しつつある今日,賃金を優先するよりも安定した雇用形態での就労環境を求めるようになっていると分析する。

　彼らが来日後に転職する場合,転職先を得るための紹介ルートはどのようにして得ているのだろうか。インタビューでの回答によれば,現在,直接雇用の正社員として雇用されている場合は,少数ではあるが「ハローワーク」に再就職のための求職相談を通じて現在の就労先を得ていた。一方で,派遣社員や請負社員,パート社員で働いている日系ブラジル人労働者は,人材派遣会社の募集,家族や同国籍者の友人による紹介が多く,「ハローワーク」や「国際交流協会」などの公的機関に就職相談を利用しているケースは少ないとのインタビューでの回答であった。

　このような求職ルートの選定を日系ブラジル人労働者自らが転職するたびに繰り返し行っていることが,「派遣社員」から「派遣社員」または「請負社員」から「請負社員」という雇用形態で繰り返し就労することとなり,彼らが「デカセギ」を目的に来日するようになって30年以上が経過した今日においても,「間接雇用」といった不安定な雇用形態の就労環境に固定され続けている要因であると分析する。

　以下,日系ブラジル人労働者に対して行ったインタビュー調査結果のカテゴリー化及び3つのパターンでの共起ネットワーク図に示す(**図表6-27・図表6-28**)。

第6章　日系ブラジル人労働者の就労実態に関する調査分析　115

図表6-27　日系ブラジル人労働者へのインタビュー調査結果のカテゴリー化

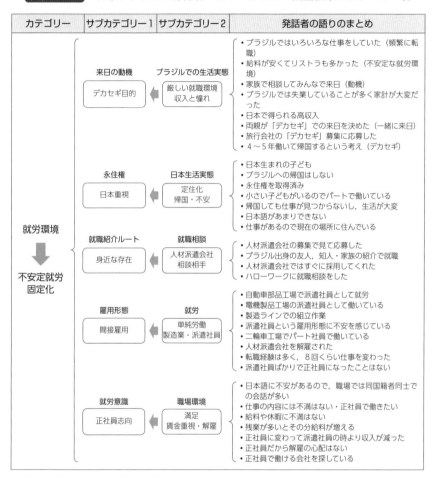

出所：調査結果をもとに筆者作成

図表6-28 日系ブラジル人労働者に対するインタビュー調査に基づく共起ネットワーク図のパターン

共起ネットワーク図	共起ネットワーク図の構成要素
共起ネットワーク図Pattern 1	群馬県でのインタビューA氏・B氏・C氏
共起ネットワーク図Pattern 2	静岡県でのインタビューD氏・E氏・F氏
共起ネットワーク図Pattern 3	愛知県でのインタビューG氏・H氏・I氏

出所：調査結果をもとに筆者作成

6.5.5　共起ネットワーク図Pattern 1 の分析

群馬県在住の日系ブラジル人労働者3人に対して行ったインタビュー調査から得られた抽出語をもとにした共起ネットワーク図は，**図表6-29**に示したとおりである。

第1Groupは，最も出現度の高い言葉は「来日」であり，「紹介」「部品」「自動車」「製造」などと結び付いている。第2Groupは，「働く」「人材派遣会社」が出現度の高い言葉であり，「仕事」「派遣社員」「会社」などと結び付いている。第3Groupは，「ブラジル」「日本」が抽出語の中心であり，第1グループの「来日」や第2グループの「働く」と結び付いている。第4Groupは，「給料」「休暇」「休み」「満足」などと結び付いている。

以上から，派遣社員として自動車部品の製造という仕事に従事している者が多いことがわかる。第2Groupの「人材派遣会社」「仕事」と「給料」や「休暇」などの待遇面が結び付いているが，この図では待遇面での満足度などはわからない。

第6章 日系ブラジル人労働者の就労実態に関する調査分析　117

図表6-29 Pattern 1　群馬県在住日系ブラジル人労働者3人

（最小出現数3＆上位60以内）

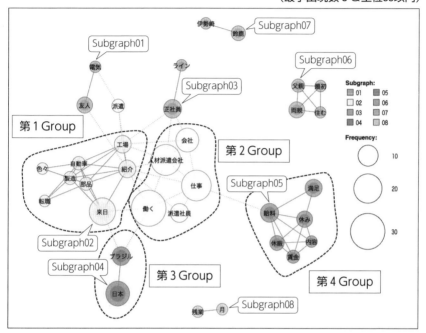

出所：調査結果をもとに筆者作成

6.5.6　共起ネットワーク図Pattern 2の分析

　静岡県在住の日系ブラジル人労働者3人に対して行ったインタビュー調査から得られた抽出語をもとにした共起ネットワーク図は，**図表6-30**に示したとおりである。

　第1Groupは，「仕事」「働く」「会社」「派遣社員」「パート社員」などの言葉の出現度が高い。第2Groupでは，「日本」「来日」「ブラジル」の出現度が高い。第3Groupは，出現度は低いものの，「子供」「家庭」「大変」「帰国」等の言葉が見られる。第4Groupでは，「応募」「見つける」「フルタイム」などがあり，第1Groupと結び付いている。第5Groupの「人材派遣会社」「派遣」も第1Groupと結び付いていることから，静岡県でインタビューをした3人の

日系ブラジル人労働者は，派遣社員やパート社員などの非正規社員という就労環境で働いていることがわかる。

図表6-30　Pattern 2　静岡県在住日系ブラジル人労働者3人
（最小出現数3＆上位60以内）

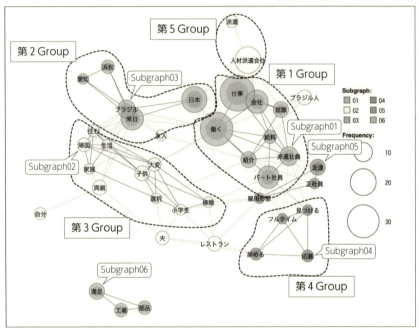

出所：調査結果をもとに筆者作成

6.5.7　共起ネットワーク図Pattern 3の分析

愛知県在住の日系ブラジル人労働者3人に対して行ったインタビュー調査から得られた抽出語をもとにした共起ネットワーク図は，**図表6-31**に示したとおりである。

第1Groupでは，「人材派遣会社」「働く」「仕事」「正社員」等の言葉が多く出現しているが，他のGroupとの結び付きはない。第2Groupで最も多く出現しているのは「日本」「ブラジル」で，「友人」「紹介」「部品」「派遣」等の言語と結び付いている。第3Groupでは，出現頻度は少ないものの，「日系ブラ

ジル人」「派遣社員」「ハローワーク」「就職」等の言葉が出現している。第4Groupでは,「自動車」「工場」「作る」「電装品」などが出現している。

以上のことから,愛知県で行ったインタビュー対象は,出現頻度から「人材派遣会社」に雇用されて派遣社員として就労して,自動車部品の製造工場で就労していることが多いと分析できる。

図表6-31　Pattern 3　愛知県在住日系ブラジル人労働者3人

（最小出現数3＆上位60以内）

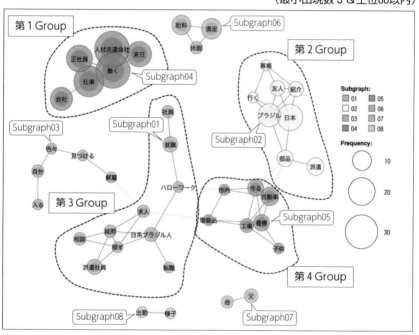

出所：調査結果をもとに筆者作成

6.5.8　人材派遣会社2社へのインタビュー調査結果のまとめ

人材派遣会社に対するインタビュー調査は,**図表6-15**で示した2社に対して行った。2社ともに浜松市で1990年の入管法改正前後から約35年にわたって事業を行っている。外国人を対象とした人材派遣業としては,両社ともに比較的長い業歴の会社である。

調査結果は，**図表6-32**に示したように，社員のほとんどが日系ブラジル人であり，その他日系ペルー人を雇用しているもののその数は少ない。提携をしている派遣先の業種は，自動車関連の企業が大半であり，大手のメーカーや一次下請けといった規模の大きな製造業が多いことでは，両社ともに共通している。

社員の募集については，ブラジル現地のエージェントが仲介役として存在し，

図表6-32　人材派遣会社2社へのインタビュー結果

主な質問項目	結果のまとめ
①企業概要	・創業年は1998年と1990年で，ともに長く事業を行っている。 ・社員数は約200人と600人で規模に格差がある。 ・雇用対象は日系ブラジル人が大半である。 ・一部日系ペルー人も雇用している。
②派遣先企業	・浜松に本社があるが，愛知県や三重県にも拠点がある。 ・トヨタ自動車，スズキなどの自動車メーカーと下請企業など。 ・この地域では自動車関連の中小企業への派遣が多い。 ・地域によって派遣料に格差がある。
③社員募集	・ブラジルのエージェントを通じた求人が多い。 ・日本での求人はポルトガル語のネット広告が多い。 ・2世の高齢化と3世の年齢が高く採用対象者が減少。 ・賃金の高い地域は採用が容易であるが，低い地域では中途採用が厳しい。
④業界の課題	・派遣先企業が若い派遣社員を希望するが採用が困難。 ・せっかく苦労して採用しても短期間で退職する者が多く，その後の採用が困難。 ・派遣先企業からの派遣数の増減が頻繁。 ・雇用調整の必要性を常に抱えている。 ・優秀な派遣社員を派遣先企業に正社員として引き抜かれる。
⑤その他	・派遣先から会話程度の日本語ができることを要望される。 ・これといった社員教育はしていない。 ・デカセギという感覚は薄れているから，仕送りなどもしていない社員が多い。

出所：調査結果をもとに筆者作成

それを通じて募集することが一般的な募集の方法のようであるが，ブラジル現地でも日系2世はすでに高齢化し，「デカセギ」の対象者にはならず，日系3世も40歳を超える者が多くなっていることから，年齢的には日系4世が「デカセギ」対象者として適しているものの，日本で生まれた日系4世は，日本で就労制限はないが，これから来日しようとする日系4世は，原則として日本での在留期間が5年と定められていることもあり，希望する人数を確保することは困難なようである。このようなことから，日系人を対象とした人材派遣業界の課題として，社員の確保が課題である（**図表6-32**）。

6.5.9　人材派遣会社2社へのインタビュー調査の分析

人材派遣会社に対して行ったインタビュー調査の分析では，日系ブラジル人労働者へのインタビュー調査と同様に，オープンコーディングによる分析手法で調査内容をカテゴリー化して分析する方法と，KHコーダーを用いた共起ネットワーク図による可視化から分析する方法の2つの分析方法を用いた。

分析結果では，提携している派遣先企業は製造業が多く，派遣人数はメーカーや一次下請けといった中小企業以外の規模が大きな派遣先には，数十人を派遣している一方で，中小製造業への派遣人数は少数であった。また，規模の大きな企業では派遣社員を上回る人数の技能実習生が雇用されていた。

派遣先企業では，派遣社員である日系ブラジル人労働者のおおまかな要件として，年齢が40歳くらいまでであること，日本語がある程度できることのようであり，人材派遣会社では，このような要件を満たす日系ブラジル人労働者を採用することは，次第に困難になっているようである。その理由としてわかったことは，年齢的にこれまで派遣社員の中心であった2世は高齢化し，3世も年齢層が高くなっているからである。

日本で就労の制限なく働くことができるのは，日系3世までであり年齢的に若い4世の場合は，日本で生まれた4世は2世や3世と同様に，就労の制限なく働くことが可能であるが，日系人であってもこれから来日する4世は在留期間等の制約がある。すなわち，ブラジルでは年齢的に派遣社員に適した年齢層が採用できないのである。したがって，入管法の改正でもない限り人材派遣会社そのものも人手不足となる可能性を含んでいる。

人材派遣会社は，日本に在住する日系ブラジル人労働者をどのような採用ルートで採用しているのか，インタビュー調査から明らかになったことは，ハローワークや国際交流協会などの公的機関を介することは少なく，ポルトガル語でのインターネット広告や求職者の家族，同国籍の友人など，求職者にとって身近な存在からの紹介によっての採用が多いということである。

　これは，日系ブラジル人労働者自身が身近な存在を介して就職，転職をしているということであり，本書が問題意識とする日系ブラジル人労働者が派遣社員，請負社員等の間接雇用といった不安定な就労層に固定化され続けている要因の1つでもあろうと解釈できる。

　人材派遣会社2社に対して行ったインタビュー調査の分析方法として用いたオープンコーディングによるカテゴリー化，KHコーダーによる共起ネットワーク図を示した（**図表6-33**・**図表6-34**）。

図表6-33 人材派遣会社2社へのインタビュー調査結果のカテゴリー化

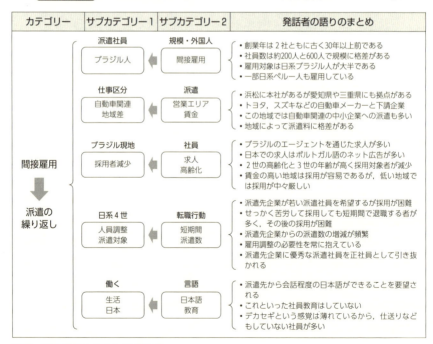

出所：調査結果をもとに筆者作成

第6章 日系ブラジル人労働者の就労実態に関する調査分析　　123

図表6-34 共起ネットワーク図（人材派遣会社2社への調査）

(最小出現数5＆上位40以内)

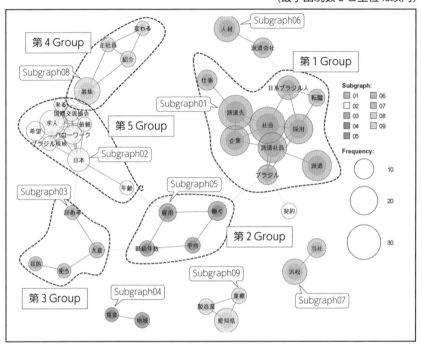

出所：調査結果をもとに筆者作成

6.5.10　ハローワークへのインタビュー調査結果のまとめ

　図表6-35で示したハローワーク（浜松公共職業安定所）へのインタビュー調査では，日系ブラジル人のうち，最近では少数ではあるが若い世代である日系4世が就職相談のために訪れるようになったものの，それ以外の世代の日系人からの相談は少ないことがわかった。ハローワークは，彼ら日系ブラジル人にとって就職・転職のための相談ルートとしての優先度は低い。それは相談ルートを人材派遣や家族，同国籍者の友人・知人等を優先しているからであろうと考えられる。

　企業からの日系ブラジル人への求人については，業種としては製造業の組み立てライン作業などの単純作業が多く，年齢，日本語の習得度が採用決定の決

め手となるとのことである。日系ブラジル人の場合は，日本語の習得度は低くても賃金へのこだわりは強く，求人はあっても実態として採用が決定するのは，全体の2割程度である。

ハローワークとしては，なるべく正社員で雇用してもらえるように，求人企業への働きかけを行っているとのことであるが，非正規雇用などの求人が多いのが実態である（**図表6-35**）。

図表6-35 ハローワークへのインタビュー結果

主な質問項目	結果のまとめ
①日系ブラジル人の就職相談状況	・日系ブラジル人からの就職相談は少数。 ・日系ブラジル人からの就職相談には，日本で生まれた4世の日系ブラジル人が来るようになった。 ・日系ブラジル人は，給料が最優先，次に通勤距離を気にする傾向にある。 ・日系ブラジル人の相談者は正社員希望が多い。 ・正社員での就職は日本語ができないと企業に採用してもらえない。採用が決まるのは相談者の2割程度。 ・浜松は日系人以外はベトナム人等の技能実習生が多い。 ・技能実習生は就職相談には来ない。
②企業からの外国人の求人状況	・製造業は技能実習生が多いので求人は少ない。 ・特に大企業は技能実習生が多い。 ・求人は中小企業の製造業からが多い。 ・求人の多くは40歳くらいまでが多い。 ・仕事は組み立てラインでの単純作業が中心。 ・人材派遣会社からの求人もあるが，雇用形態は当然派遣社員である。 ・浜松は製造業からの求人が主体。
③雇用形態に対するハローワークとしての考え方	・正社員で雇用してもらえることを基本に考えている。 ・日系ブラジル人には目先の賃金にとらわれないようにしてほしい。派遣社員で働くことを一生繰り返すことになる。 ・中小製造業は人手不足が顕著だから，日系ブラジル人を正社員で雇用する意識を持ってほしい。 ・雇用の調整弁的な雇用は望ましくない。

出所：調査結果をもとに筆者作成

6.5.11 ハローワークへのインタビュー調査の分析

　ハローワークへのインタビュー調査の分析は，インタビュー調査の内容をオープンコーディングによる手法でカテゴリー化することによって行った。また，インタビュー調査から得られた発言内容をもとに，共起ネットワーク図を作成し，可視化することで分析した。

　結果として，ハローワークは，日系ブラジル人だけではなく，外国人に対する様々な支援や活動を行っているものの，就職，転職に関する相談は少ない。年齢的に若い一部の日系ブラジル人は就職に関する相談に訪れることもあるが，高齢になるにつれて相談者が少ないのが実態である。

　企業からの求人もあるが，求人をする企業側は日本語ができる人材を求めており，うまくマッチングしないことが多く，ハローワークを介して日系ブラジル人の就職が実現する可能性は低いといえる。これらのことから，同じく公的機関である国際交流協会と同様に，就職や転職に関しては，日系ブラジル人がこれらの機関を利活用する意識，関心は低いといえる。

　以上のようなことから，それが彼らの一般的な雇用形態である間接雇用の派遣社員に固定化され続けている要因であり，製造業の現場で単純労働を担う縁辺労働力であるゆえんであろうと推察される。

　ハローワークに対して行ったインタビュー調査の分析方法として用いたオープンコーディングによるカテゴリー化，KHコーダーによる共起ネットワーク図を示した（**図表6-36・図表6-37**）。

図表 6-36　ハローワークへの調査結果のカテゴリー化

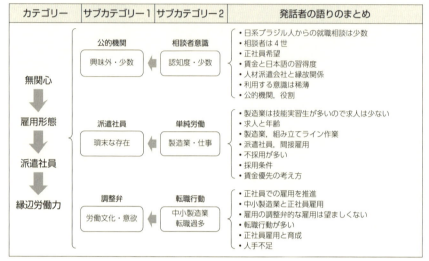

出所：調査結果をもとに筆者作成

第6章 日系ブラジル人労働者の就労実態に関する調査分析　127

図表6-37　共起ネットワーク図（ハローワークへの調査）

（最小出現数3＆上位60以内）

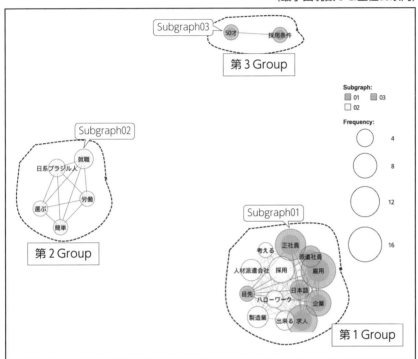

出所：調査結果をもとに筆者作成

6.5.12　浜松国際交流協会へのインタビュー調査結果のまとめ

　日系ブラジル人労働者の就職・転職に際しての相談ルートの1つとして考えられる国際交流協会へのインタビュー調査を行った。国際交流協会は，主要な都市に設けられている公益財団法人である。業務の目的として，外国人の就労支援があり，外国人の就労に関する相談には応じてくれる組織である。彼らは就職・転職の相談窓口として国際交流協会をどの程度利用しているのであろうか。

　インタビュー調査の結果からいえることは，利用度は非常に低いというのが実態のようである。世代によっては，ハローワークへの調査結果同様に，4世

といった若い日系ブラジル人の相談は増えてきているが，働き手の中心である３世については，就職相談という視点では，ほとんど相談者はいないというのが実態とのことである。また，企業からの求人相談はあるものの，どれくらい日本語ができるかが採用のポイントとする企業が多く，紹介する日系ブラジル人がいても採用決定に至るケースは少ない。

国際交流協会から見た日系ブラジル人労働者の雇用形態については，日本に永住する日系ブラジル人が増加しており，定年まで働くことができる正社員として働ける環境が望ましいとのことであった（図表6-38）。

図表6-38　国際交流協会へのインタビュー結果

主な質問項目	結果のまとめ
①日系ブラジル人の就職相談状況	・相談に来る日系ブラジル人はあまりいない。 ・人材派遣会社とか縁故関係の人に相談していると思う。 ・国際交流協会に就職を相談するといった感覚は薄い。 ・最近は若い日系ブラジル人が相談に来るようになった。 ・日系4世が主である。
②相談内容	・ハローワークに相談したが，希望するところが見つからないから来たという日系ブラジル人もいる。 ・企業からの求人もあるが，日本語をどれくらい話すことができるかが採用のポイント。 ・求人はあるが採用に至ることは少ない。
③日系ブラジル人の雇用形態	・日系ブラジル人は長期間日本で生活している人が多いし，永住権を取得している人が多いから，正社員として働くことができる環境が望ましい。 ・日系ブラジル人の人が正社員で採用してもらうには，転職をせず長く勤めることが必要。 ・人手が足りない中小企業は，日本語の習得度だけにこだわらないで正社員として雇用して育てる意識を持ってもらいたい。

出所：調査結果をもとに筆者作成

6.5.13　浜松国際交流協会へのインタビュー調査の分析

国際交流協会へのインタビュー調査の分析は，インタビュー調査の内容を

オープンコーディングによる手法でカテゴリー化することによって行った。また，インタビュー調査から得られた発言内容をもとに，共起ネットワーク図を作成し，可視化することで分析した。

　日系ブラジル人労働者がどのように国際交流協会を利用しているのかについては，結果として前述したハローワークの分析結果と同様で，就職・転職についての相談者は少ないといった結果であった。ハローワーク，国際交流協会等の公的機関を日系ブラジル人労働者が活用していないということは，他の方法に就職・転職ルートを求めていることになる。

　国際交流協会やハローワークでは，それについて人材派遣会社，家族や友人・知人などの比較的相談しやすい身近な存在にルートを求めているのではないかと推測していた。企業から国際交流協会への求人相談もあるが，ハローワークへのインタビュー調査の分析でも述べたように，企業が採用を決定するポイントは日本語がどれだけできるかが決め手となるとのことであり，この点では共通していた。

　調査結果を分析した結論としては，相談者が少ないことに加えて日本語の習得度が低いことが多く，結果として国際交流協会を介して就職・転職が決まる頻度は少ないということであった。これらのことから，日系ブラジル人労働者の就職・転職ルートとしては，その機能を国際交流協会は果たせていない。

　国際交流協会に対して行ったインタビュー調査の分析方法として用いたオープンコーディングによるカテゴリー化，KHコーダーによる共起ネットワーク図を示した（**図表6-39**，**図表6-40**）。

図表 6-39　国際交流協会への調査結果のカテゴリー化

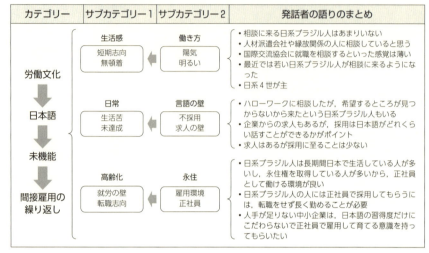

出所：調査結果をもとに筆者作成

第6章 日系ブラジル人労働者の就労実態に関する調査分析　131

図表6-40　共起ネットワーク図（浜松国際交流協会への調査）

（最小出現数3＆上位60以内）

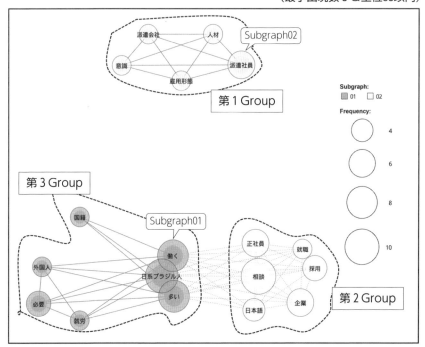

出所：調査結果をもとに筆者作成

6.6　小　括

　厚生労働省（2022）によれば，日本に在住している外国人労働者の就労業種は，「製造業」や「卸・小売業」が多い。製造業従事者の雇用形態を見ると，本書が研究対象とする日系ブラジル人労働者は，52.8％が派遣社員，請負社員と，製造業従事者の多い他の外国人労働者と比べて高い比率である。

　本書における日系ブラジル人労働者に対する調査結果では，中小製造業の集積地での調査ではあるが，製造業従事者は厚生労働省（2022）のデータが示す外国人労働者全体の割合を上回り，6割以上が製造業従事者である。仕事内容は，彼らが特段の技術やスキルを有していないことから，製造現場における単純労働に過ぎない。

雇用形態のアンケート調査では，派遣社員・請負社員が50％を超え，これにパート社員などの非正規社員を加えると約6割以上の日系ブラジル人労働者が，「間接雇用」といった不安定な雇用環境で就労しているのが実態である。前述したように「間接雇用」で働いている彼らは，同一就労先における勤続年数が1年未満または3年未満（約70％）であることが多く，正社員で就労している場合と比べて短期間で転職しているが，派遣社員・請負社員といった「間接雇用」と短期間で転職していることの関連性について，本書の調査では具体的な数値を示していないものの，アンケート調査での「雇用形態別に対する満足度」やインタビュー調査において，「間接雇用」で働いていることへの不安を示していることから，雇用形態と転職行動には一定の関連性があるのではないかと推察される。

　また，主に日系ブラジル人労働者を派遣社員として雇用している人材派遣会社へのインタビュー調査結果から，比較的容易に就職・転職が可能な日系4世など，年齢層の若い日系ブラジル人労働者たちは，彼ら自らの意識が「デカセギ」としての働き方から脱却しておらず，より高賃金が得られる地域や人材派遣会社を求めていることが明らかになった。一方で，日系2世や日系3世は高齢化しており，就職・転職が困難な年齢に達してきていることもあり，容易に就職先・転職先が得られないようになっている。

　以上のようなことから，今後，さらに若い年齢層の日系ブラジル人労働者を中心に，従来の就労地域から，より高賃金の得られる地域へ集中することが考えられ，日系ブラジル人の集住地域にも変化が生じることが推察される（**図表6-41**）。

　ハローワークや国際交流協会などの公的機関への調査結果では，日系ブラジル人労働者が就職・転職活動のために，これらの公的機関を利活用することは少なく，容易に採用をしてくれる人材派遣会社や家族，友人・知人などの身近な存在を頼っていることを裏付ける結果であった。これらの公的機関では，企業は彼らを正社員で雇用すべきであるという考え方であることから，日系ブラジル人労働者は，これらの公的機関を利用すべきである。それが実態として固定化している間接雇用といった不安定な就労環境から脱却できる要因になり得るものと考えられる。

図表 6-41　日系ブラジル人労働者若年層の就労地域移動

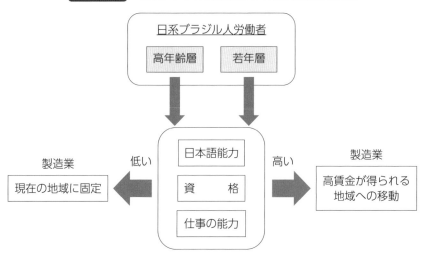

出所：筆者作成

第7章

中小製造業による日系ブラジル人労働者の雇用実態に関する調査分析

7.1 中小製造業に対するアンケート調査の概要

　中小製造業を対象としたアンケート調査（電話による聞き取り調査）は，帝国データバンクに登録された会員で，群馬県，静岡県，愛知県の中小製造業の中から215社（群馬県62社，静岡県77社，愛知県76社）を調査対象として抽出した。調査対象の抽出にあたっては，なるべく業種，資本金，本社所在地などが均等になるように配慮した。企業規模によって日系ブラジル人労働者の雇用状況や雇用形態，企業それぞれの雇用に対する考え方も異なることが想定されることから，調査結果の集計にあたっては，回答した企業の従業員数を基準にして，従業員数9人以下の中小製造業を「小規模な中小製造業」，49人以下の中小製造業を「中規模な中小製造業」，50人以上の中小製造業を「大規模な中小製造業」に3区分して集計した。

　調査に応じてもらうことを前提として抽出した企業であるので，抽出した215社から回答は得られた。なお，調査した215社の県別における従業員数規模別中小製造業数は**図表7-1**に，聞き取り調査における主な質問項目は**図表7-5**に示したとおりである。

図表7-1　県別従業員数規模別調査回答企業数

県別		合計	～9人 小規模な中小製造業	10～49人 中規模な中小製造業	50～299人 大規模な中小製造業
本社所在地	全体	215 100.0%	52 24.2%	85 39.5%	78 36.3%
	群馬県	62 28.8%	18 29.0%	23 37.1%	21 33.9%
	静岡県	77 35.8%	18 23.4%	32 41.6%	27 35.0%
	愛知県	76 35.3%	16 21.0%	30 39.5%	30 39.5%

出所：調査結果をもとに筆者作成

　各県で行った中小製造業に対する電話による聞き取り調査の標本抽出は，中小製造業の企業規模の違いを調査のポイントとする観点から，従業員数を9人以下，10人以上49人以下，50人以上299人以下に区分して無作為に抽出した。群馬県では邑楽郡大泉町，伊勢崎市，太田市の中小製造業を一次的に118社抽出し，企業規模別に62社に電話による聞き取り調査を行った。静岡県では浜松市，磐田市，袋井市の中小製造業を一次的に125社抽出し，企業機規模別に77社に電話による聞き取り調査を行った。愛知県では豊橋市，豊田市，名古屋市の中小製造業を一次的に113社抽出し，企業規模別に76社に電話による聞き取り調査を行った（**図表7-2・図表7-3・図表7-4**）。調査は，2022年9月5日から2022年11月8日の間に行った。

図表7-2 群馬県の中小製造業の標本内訳

抽出条件1

本社所在地	群馬県邑楽郡大泉町，伊勢崎市，太田市
業種	鉄鋼業・非鉄金属業（15社），金属製品製造業（17社），一般機械器具製造業（19社）
	電気機械器具製造業（26社），輸出用機械器具製造業（23社）
	精密機械器具医療器具製造業（18社）
資本金	3億円以下
従業員数	①9人以下➡34件
	②10人以上49人以下➡43件
	③50人以上➡41件
該当件数	118社（うち62社から聞き取りを行った）

出所：筆者作成

図表7-3 静岡県の中小製造業の標本内訳

抽出条件2

本社所在地	静岡県浜松市，磐田市，袋井市
業種	鉄鋼業・非鉄金属業（17社），金属製品製造業（16社），一般機械器具製造業（21社）
	電気機械器具製造業（21社），輸出用機械器具製造業（33社）
	精密機械医療機器器具製造業（17社）
資本金	3億円以下
従業員数	①9人以下➡35件
	②10人以上49人以下➡46件
	③50人以上➡44件
該当件数	125社（うち77社から聞き取りを行った）

出所：筆者作成

図表7-4　愛知県の中小製造業の標本内訳

抽出条件3

本社所在地	愛知県豊橋市，豊田市，名古屋市
業種	鉄鋼業・非鉄金属業（20社），金属製品製造業（19社），一般機械器具製造業（15社）
	電気機械器具製造業（13社），輸出用機械器具製造業（29社）
	精密機械医療機器器具製造業（17社）
資本金	3億円以下
従業員数	①9人以下➡29件
	②10人以上49人以下➡51件
	③50人以上➡33件
該当件数	113社（うち76社から聞き取りを行った）

出所：筆者作成

第7章　中小製造業による日系ブラジル人労働者の雇用実態に関する調査分析　139

図表7−5　中小製造業への電話による聞き取り調査の質問項目

質問	電話による聞き取り調査の質問項目
Q1	• 人手の充足 主に現在，人手は充足しているか，不足しているかを質問。
Q2	• 日系ブラジル人労働者の雇用状況 現在，日系ブラジル人労働者を雇用しているか，また過去に雇用したことがあるかについて質問。
Q3	• 日系ブラジル人労働者の雇用理由 日系ブラジル人労働者を雇用している場合，雇用している理由について質問。
Q4	• 日系ブラジル人労働者の雇用形態 雇用している日系ブラジル人労働者の主な雇用形態について質問。
Q5	• 正社員として雇用する理由 日系ブラジル人労働者を直接雇用の正社員として雇用している理由について質問。
Q6	• 間接雇用を中心にして雇用する理由 雇用中の日系ブラジル人労働者の雇用形態を派遣社員・請負社員などの間接雇用とする理由について質問。
Q7	• 雇用形態と労働意識 日系ブラジル人労働者の雇用形態が労働意識（意欲）に与える影響について質問。
Q8	• 雇用ルート 日系ブラジル人労働者を正社員として直接雇用する場合の雇用（求人）ルートについて質問。
Q9	• 雇用ルート 日系ブラジル人労働者を派遣社員，請負社員等として間接雇用する場合の求人ルートについて質問。
Q10	• 雇用しない理由 日系ブラジル人労働者（その他の外国人労働者を含む）を雇用しない理由について質問。

出所：筆者作成

7.2 中小製造業に対するアンケート調査の結果分析

輸送機器や電気製品などの世界的メーカーとそれを取り巻く中小製造業が集積し，主にそこで就労している日系ブラジル人労働者が集住している群馬県，静岡県，愛知県の中小製造業に対して行った電話による聞き取り調査の結果では，従業員規模が9人以下の小規模な中小製造業52社（群馬県18社，静岡県18社，愛知県16社），従業員規模が49人以下の中規模な中小製造業85社（群馬県23社，静岡県32社，愛知県30社），従業員規模が299人以下の大規模な中小製造業78社（群馬県21社，静岡県27社，愛知県30社），合計215社から回答を得ることができた。質問項目別に以下のような回答結果が得られた（**図表7-6**）。

図表7-6 電話による聞き取り調査をした中小製造業

聞き取り調査数(社)		企業規模別	県別	回答社数	合計(社)
群馬県	62	～9人 小規模な中小製造業	群馬県	18	52
			静岡県	18	
			愛知県	16	
静岡県	77	10～49人 中規模な中小製造業	群馬県	23	85
			静岡県	32	
			愛知県	30	
愛知県	76	50～299人 大規模な中小製造業	群馬県	21	78
			静岡県	27	
			愛知県	30	

出所：筆者作成

7.2.1 中小製造業における人手の充足度

人手の充足についての質問では，回答のあった215社のうち，「充足している」との回答が47社（21.9％），「ほぼ充足している」との回答が35社（16.3％）と，合計82社（38.1％）であったのに対して，「やや不足している」が55社（25.6％）「不足している」が51社（23.7％）と，合計106社（49.3％）であり，

調査を行った中小製造業全体では，充足度は低く人手不足の状況であった。

　企業規模別に見ると，従業員規模が9人以下の小規模な中小製造業52社のうち「充足している」との回答は9社（17.3%），「ほぼ充足している」との回答は4社（7.7%），合計13社（25.0%）であったのに対して，「不足している」との回答は19社（36.5%），「やや不足している」との回答が17社（32.7%）であり，合計36社（69.2%）が人手不足と回答し，小規模な中小製造業の約7割が人手の充足度が低いという結果であった。

　一方で，従業員規模49人以下の中規模の中小製造業85社のうち「充足している」との回答が17社（20.0%），「ほぼ充足している」との回答が14社（16.5%）で，合計31社（36.5%）が充足傾向であった。「不足している」との回答は18社（21.2%），「やや不足している」との回答は26社（30.6%）で，合計44社（51.8%）と，約半数以上の企業が人手不足であった。

　従業員規模が299人以下の大規模な中小製造業78社のうち「充足している」との回答が21社（26.9%），「ほぼ充足している」との回答が17社（21.8%）で，合計38社（48.7%）が充足傾向であった。「不足している」との回答は14社（17.9%），「やや不足している」は12社（15.4%）で，合計26社（33.3%）であり，小規模及び中規模な中小製造業に比べれば人手の充足度は高かった。

　しかし，以上の調査結果から全体的に企業規模にかかわらず，中小製造業では人手の充足度は低く，人手不足であるが，中でも小規模な中小製造業ほど人手不足は顕著であることがわかった（**図表7-7**）。

図表7-7　中小製造業における人手の充足度

企業規模		合計	Q1　現在，人手は充足していますか						
			充足している	ほぼ充足している	どちらともいえない	やや不足している	不足している	わからない	無回答
全体		215 100.0%	47 21.9%	35 16.3%	23 10.7%	55 25.6%	51 23.7%	0 0.0%	4 1.9%
従業員数	～9人 小規模な中小製造業	52 24.2%	9 17.3%	4 7.7%	2 3.8%	17 32.7%	19 36.5%	0 0.0%	1 1.9%
	10～49人 中規模な中小製造業	85 39.5%	17 20.0%	14 16.5%	7 8.2%	26 30.6%	18 21.2%	0 0.0%	3 3.5%
	50～299人 大規模な中小製造業	78 36.3%	21 26.9%	17 21.8%	14 17.9%	12 15.4%	14 17.9%	0 0.0%	0 0.0%

出所：調査結果をもとに筆者作成

　群馬県，静岡県，愛知県の地域別で見た場合，群馬県の中小製造業は，62社のうち17社（27.4％）が「充足している」「ほぼ充足している」と回答し，37社（59.7％）が「不足している」「やや不足している」と回答している。静岡県の中小製造業は，77社のうち33社（42.9％）が「充足している」「ほぼ充足している」と回答し，36社が（46.8％）が「不足している」「やや不足している」と回答している。愛知県の中小製造業は，76社のうち32社（42.1％）が「充足している」「ほぼ充足している」と回答し，33社（43.4％）が「不足している」「やや不足している」と回答している。

　以上の調査結果から，静岡県と愛知県は「充足している」「ほぼ充足している」が40％強であるのに対して群馬県は30％弱であり，充足度では静岡県や愛知県よりも群馬県が低いことが判明した。また，「不足している」「やや不足している」という回答を見ると，静岡県や愛知県は回答した中小製造業の約45％前後であったのに対して，群馬県の場合は回答した中小製造業の60％弱が「不足している」「やや不足している」と回答している。

　人手の充足度を地域別に見た場合，静岡県と愛知県ではほぼ同様の結果であったが，群馬県の場合は，他の2県と比較して差異が見られた（**図表7-8**）。

図表7-8 中小製造業における人手の充足度（地域別）

		合計	Q1 現在，人手は充足していますか（県別結果）						
			充足している	ほぼ充足している	どちらともいえない	やや不足している	不足している	わからない	無回答
全体		215 100.0%	47 21.9%	35 16.3%	23 10.7%	55 25.6%	51 23.7%	0 0.0%	4 1.9%
地域別	群馬県	62 28.8%	11 17.7%	6 9.7%	7 11.3%	20 32.3%	17 27.4%	0 0.0%	1 1.6%
	静岡県	77 35.8%	19 24.7%	14 18.2%	5 6.5%	21 27.3%	15 19.5%	0 0.0%	3 3.9%
	愛知県	76 35.3%	17 22.4%	15 19.7%	11 14.5%	14 18.4%	19 25.0%	0 0.0%	0 0.0%

出所：調査結果をもとに筆者作成

7.2.2 中小製造業における日系ブラジル人労働者の雇用状況

　日系ブラジル人労働者の雇用についての質問では，回答のあった215社のうち160社（74.4％）が「雇用している」と回答し，「現在は雇用していないが，過去には雇用したことがある。今後，雇用することを考えている」と回答した中小製造業が24社（11.2％），「現在も過去にも雇用したことはないが，今後は雇用を考えている」が20社（9.3％），「雇用したことはない，今後も雇用することは考えていない」との回答が7社（3.3％）であった。

　企業規模別に見ると，従業員規模が小規模な中小製造業では52社のうち31社（59.6％），中規模な中小製造業では85社のうち66社（77.6％），大規模な中小製造業78社のうち63社（80.8％）が，日系ブラジル人労働者を雇用しているという結果であった。小規模な中小製造業から大規模な中小製造業まで，ほとんどの中小製造業が日系ブラジル人労働者を雇用していた。後述するようにあくまでも派遣社員・請負社員といった「間接雇用」を含めて雇用しているということであり，実質的には日系ブラジル人労働者との直接雇用契約が存在しない雇用が大半である。

　企業規模にかかわらず，「過去には雇用したことはあるものの現在は雇用していない」という中小製造業が10％～15％程度存在したが，「今までにまった

く雇用したことはない，今後も雇用することは考えていない」とする中小製造業は，全企業でも7社（3.3%）であり，どの企業規模の中小製造業においても少なかった[1]（図表7-9）。

図表7-9 日系ブラジル人労働者の雇用状況

		合計	Q2 現在，日系ブラジル人労働者を雇用していますか。また，過去に雇用したことがありますか。今後雇用することを考えていますか					
			雇用している	現在は雇用していないが，過去には雇用したことがある。今後，雇用を考えている	現在も過去にも雇用したことはないが，今後は雇用を考えている	雇用したことはない。今後も雇用することは考えていない	その他	無回答
全体		215 100.0%	160 74.4%	24 11.2%	20 9.3%	7 3.3%	3 1.4%	1 0.5%
従業員数	～9人 小規模な中小製造業	52 24.2%	31 59.6%	5 9.6%	12 23.1%	2 3.8%	2 3.8%	0 0.0%
	10～49人 中規模な中小製造業	85 39.5%	66 77.6%	7 8.2%	6 7.1%	4 4.7%	1 1.2%	1 1.2%
	50～299人 大規模な中小製造業	78 36.3%	63 80.8%	12 15.4%	2 2.6%	1 1.3%	0 0.0%	0 0.0%

出所：調査結果をもとに筆者作成

地域別で見た場合，日系ブラジル人労働者を「現在雇用している」と回答した中小製造業は，群馬県は62社のうち40社（64.5%），静岡県は77社のうち60社（77.9%），愛知県は76社のうち60社（78.9%）である。群馬県が他の2県よりも若干低いものの，大きな差異は見られず，各県ともに日系ブラジル人労働者を雇用している中小製造業が多いという結果が得られた。なお，3県全体で雇用している中小製造業の割合は，215社のうち160社（74.4%）であった。

過去の雇用経験や今後の雇用についてであるが，「現在は雇用していないが過去には雇用したことがあり，今後雇用することを考えている」と回答した中小製造業は，群馬は62社のうち8社（12.9%），静岡県は77社のうち7社（9.1%），愛知県は76社のうち9社（11.8%）であった。「現在も過去にも雇用したことはないが，今後は採用を考えている」と回答した中小製造業は，群馬

第7章　中小製造業による日系ブラジル人労働者の雇用実態に関する調査分析　　145

県は62社のうち11社（17.7%），静岡県は77社のうち5社（6.5%），愛知県は76社のうち4社（5.3%）であった。群馬県が今後の採用を考えているとの回答が他の県よりも多いのは，人手の充足が他の県よりも厳しい状況にあることの表れであろうと推察される。

「今までにも雇用したことはなく，今後も雇用することはない」と回答した中小製造業は，群馬県は62社のうち2社（3.2%），静岡県は77社のうち3社（3.9%），愛知県は76社のうち2社（2.6%）という調査結果が得られた。この調査項目では地域別に大きな差異は見られなかった（**図表7-10**）。

図表7-10 日系ブラジル人労働者雇用状況と今後の雇用に対する考え方（地域別）

| | | 合計 | Q2 現在，日系ブラジル人労働者を雇用していますか。また，過去に雇用したことがありますか。今後雇用することを考えていますか ||||||
			雇用している	現在は雇用していないが，過去には雇用したことがある。今後，雇用を考えている	現在も過去にも雇用したことはないが，今後は雇用を考えている	雇用したことはない。今後も雇用することは考えていない	その他	無回答
全体		215 100.0%	160 74.4%	24 11.2%	20 9.3%	7 3.3%	3 1.4%	1 0.5%
地域別	群馬県	62 28.8%	40 64.5%	8 12.9%	11 17.7%	2 3.2%	1 1.6%	0 0.0%
	静岡県	77 35.8%	60 77.9%	7 9.1%	5 6.5%	3 3.9%	1 1.3%	1 1.3%
	愛知県	76 35.3%	60 78.9%	9 11.8%	4 5.3%	2 2.6%	1 1.3%	0 0.0%

出所：調査結果をもとに筆者作成

7.2.3　中小製造業が日系ブラジル人労働者を雇用する理由

日系ブラジル人労働者を雇用している理由については，企業規模別に見ると，従業員規模が小さな中小製造業では，日系ブラジル人労働者を雇用している31社のうち16社（51.6%）と約半数の企業が人手不足，14社（45.2%）が日本人社員の採用が困難だからという理由であったのに対して，中規模な中小製造業

では，日系ブラジル人労働者を雇用している66社のうち，24社（36.4％）が人手不足，25社（37.9％）が日本人社員の採用難であった。大規模な中小製造業では日系ブラジル人労働者を雇用している63社のうち15社（23.8％）が人手不足，24社（38.1％）が日本人社員の採用難としている。

従業員規模が小規模な中小製造業は，従業員規模が中規模の中小製造業や大規模な中小製造業に比べて，人手不足が顕著であることがわかる（**図表7-11**）。

図表7-11 中小製造業が日系ブラジル人労働者を雇用する理由

		合計	Q3 現在，日系ブラジル人労働者を雇用していると回答された方にお聞きします。日系ブラジル人労働者を雇用している理由を1つだけ答えてください					
			人手不足だから	日本人の社員を採用することが難しいから	人材派遣会社に求人すればすぐに人手を確保できるから	業況に応じて人員調整ができるから	正社員よりも人件費がかからないから	その他・無回答
全体		160 100.0％	55 34.4％	63 39.4％	19 11.9％	21 13.1％	1 0.6％	1 0.6％
従業員数	～9人 小規模な中小製造業	31 19.4％	16 51.6％	14 45.2％	0 0.0％	0 0.0％	1 3.2％	0 0.0％
	10～49人 中規模な中小製造業	66 41.3％	24 36.4％	25 37.9％	7 10.6％	9 13.6％	0 0.0％	1 1.5％
	50～299人 大規模な中小製造業	63 39.4％	15 23.8％	24 38.1％	12 19.0％	12 19.0％	0 0.0％	0 0.0％

出所：調査結果をもとに筆者作成

地域別に雇用理由を見た場合，群馬県40社のうち22社（55.0％）が「人手不足だから」，18社（45.0％）が「日本人の社員を採用することが難しいから」と回答している。静岡県は60社のうち18社（30.0％）が「人手不足だから」，24社（40.0％）が「日本人の社員を採用することが難しいから」，愛知県は60社のうち15社（25.0％）が「人手不足だから」，21社（35.0％）が「日本人の社員を採用することが難しいから」と回答した。

静岡県や愛知県に比べて，群馬県では「人手不足だから」「日本人の社員を採用することが難しいから」と回答した中小製造業が多かった。また，群馬県では全く回答になかった「人材派遣会社に求人すればすぐに人手を確保できる

から」や「業況に応じて減らしたり増やしたり人員調整ができるから」との回答が，静岡県では前者についての回答が7社（11.7%），愛知県では12社（20.0%），後者についての回答が静岡県では9社（15.0%），愛知県では12社（20.0%）見られた（図表7-12）。

図表7-12 中小製造業が日系ブラジル人労働者を雇用する理由（地域別）

		合計	人手不足だから	日本人の社員を採用することが難しいから	人材派遣会社に求人すればすぐに人手を確保できるから	業況に応じて人員調整ができるから	正社員よりも人件費がかからないから	その他・無回答
全体		160 100.0%	55 34.4%	63 39.4%	19 11.9%	21 13.1%	1 0.6%	1 0.6%
地域別	群馬県	40 25.0%	22 55.0%	18 45.0%	0 0.0%	0 0.0%	0 0.0%	0 0.0%
	静岡県	60 37.5%	18 30.0%	24 40.0%	7 11.7%	9 15.0%	1 1.7%	1 1.7%
	愛知県	60 37.5%	15 25.0%	21 35.0%	12 20.0%	12 20.0%	0 0.0%	0 0.0%

出所：調査結果をもとに筆者作成

7.2.4　中小製造業が雇用している日系ブラジル人労働者の雇用形態

　雇用中の日系ブラジル人労働者の雇用形態について，企業規模別に回答を見ると，「直接雇用の正社員」と回答したのは，企業規模が小さな中小製造業では31社のうち18社（58.1%）で，これに「直接雇用の非正規社員」と回答した6社を加えると24社（77.4%）となり，企業規模が小さな中小製造業では，日系ブラジル人労働者の雇用に際して，自社で直接雇用をしているケースが多いことがわかる。中規模な中小製造業では，「直接雇用の正社員」と回答したのは，66社のうち19社（28.8%）であり，これに「直接雇用の非正規社員」と回答した6社を加えても自社で直接雇用しているのは25社（37.9%）に過ぎなかった。

大規模な中小製造業の場合は，「直接雇用の正社員」と回答したのは，63社のうち15社（23.8％）であり，「直接雇用の非正規社員」と回答した7社を加えても22社（34.9％）であった。これらの調査結果から「直接雇用の正社員」で雇用しているのは，中規模な中小製造業や大規模な中小製造業に比べて小規模な中小製造業の方が多かった。また，自社での直接雇用という視点で「直接雇用の非正規社員」を加えても，中規模な中小製造業や大規模な中小製造業よりも小規模な中小製造業の方が直接雇用しているといった調査結果が得られた（図表7-13）。

図表7-13　雇用している日系ブラジル人労働者の雇用形態

| | | 合計 | Q4　現在雇用している日系ブラジル人労働者の最も多い雇用形態は何ですか ||||||
			直接雇用の正社員	直接雇用の非正規社員	間接雇用（派遣・請負社員）	間接雇用（アルバイト・パート）	その他	無回答
全体		160 100.0％	52 32.5％	19 11.9％	75 46.9％	12 7.5％	2 1.3％	0 0.0％
従業員数	～9人 小規模な中小製造業	31 19.4％	18 58.1％	6 19.4％	6 19.4％	1 3.2％	0 0.0％	0 0.0％
	10～49人 中規模な中小製造業	66 41.3％	19 28.8％	6 9.1％	36 54.5％	5 7.6％	0 0.0％	0 0.0％
	50～299人 大規模な中小製造業	63 39.4％	15 23.8％	7 11.1％	33 52.4％	6 9.5％	2 3.2％	0 0.0％

出所：調査結果をもとに筆者作成

　日系ブラジル人労働者の雇用形態を地域別に見ると，「直接雇用の正社員」との回答は，群馬県では40社のうち15社（37.5％），静岡県では60社のうち20社（33.3％），愛知県は60社のうち17社（28.3％）と，若干愛知県が他の2県より「直接雇用の正社員」として雇用している中小製造業の割合が低かったが，大きな差異は見られない。
　一方で，「間接雇用（派遣・請負社員）」で雇用している中小製造業の割合を県別に見ると，群馬県は40社のうち20社（50.0％），静岡県は60社のうち30社（50.0％）。愛知県は60社のうち25社（41.7％）と，愛知県は他の2県より若干低いが，群馬県，静岡県は約5割前後の中小製造業が日系ブラジル人労働者を

「間接雇用（派遣・請負社員）」で雇用しているといった調査結果であった（図表7-14）。

愛知県は間接雇用の「アルバイト・パート」の比率が他の県に比べて非常に高い。他の県では，このような回答は静岡県の1社だけであり，愛知県の特徴的な雇用形態であると推察される。

図表7-14 中小製造業における日系ブラジル人労働者の主な雇用形態（地域別）

| | | 合計 | Q4 現在雇用している日系ブラジル人労働者の最も多い雇用形態は何ですか ||||||
			直接雇用の正社員	直接雇用の非正規社員	間接雇用（派遣・請負社員）	間接雇用（アルバイト・パート）	その他	無回答
全体		160 100.0%	52 32.5%	19 11.9%	75 46.9%	12 7.5%	2 1.3%	0 0.0%
地域別	群馬県	40 25.0%	15 37.5%	5 12.5%	20 50.0%	0 0.0%	0 0.0%	0 0.0%
	静岡県	60 37.5%	20 33.3%	7 11.7%	30 50.0%	1 1.7%	2 3.3%	0 0.0%
	愛知県	60 37.5%	17 28.3%	7 11.7%	25 41.7%	11 18.3%	0 0.0%	0 0.0%

出所：調査結果をもとに筆者作成

7.2.5 中小製造業における日系ブラジル人労働者の正社員雇用

日系ブラジル人労働者を雇用している企業160社のうち，正社員で直接雇用している中小製造業は52社であった。企業規模別に見ると，小規模な中小製造業では「正社員で直接雇用している」と回答したのは，日系ブラジル人労働者を雇用していると回答した31社（**図表7-13**）のうち18社（58.1％）であった。その理由としては「正社員で雇用して長く働いてもらいたいから」が18社のうち9社（50.0％）と最も多く，次いで「将来の熟練工に育てたいから」が18社のうち6社（33.3％）であった。

中規模な中小製造業では，日系ブラジル人労働者を直接雇用の正社員で雇用しているのは66社（**図表7-13**）のうち19社であるが，そのうち「正社員で雇用して長く働いてもらいたいから」との回答は11社（57.9％），次いで「将来

の熟練工に育てたいから」が19社のうち5社（26.3%）であった。大規模な中小製造業では，日系ブラジル人労働者を雇用している63社（**図表7-13**）のうち，正社員で直接雇用しているのは15社であり，そのうち「正社員で雇用して長く働いてもらいたいから」との回答は10社（66.7%）であった。

　以上のような調査結果から，正社員で雇用して長く勤務をしてもらおうと考えているのは，小規模な中小製造業よりも中規模な中小製造業や大規模な中小製造業に多いことがわかった。一方で，正社員で雇用することで，中小製造業の課題ともいえる熟練技能の継承者の育成という視点では，小規模な中小製造業に将来の熟練工に育てようとする考えが，他の企業規模の中小製造業よりも高かった（**図表7-15**）。

図表7-15　中小製造業が日系ブラジル人労働者を正社員で直接雇用する理由

		合計	正社員で雇用して長く働いてもらいたいから	日系ブラジル人労働者は仕事熱心と聞いているから	将来の熟練工に育てたいから	正社員で働きたい希望が多いから	その他	無回答
全体		52 100.0%	30 57.7%	3 5.8%	14 26.9%	5 9.6%	0 0.0%	0 0.0%
従業員数	～9人 小規模な中小製造業	18 34.6%	9 50.0%	1 5.6%	6 33.3%	2 11.1%	0 0.0%	0 0.0%
	10～49人 中規模な中小製造業	19 36.5%	11 57.9%	1 5.3%	5 26.3%	2 10.5%	0 0.0%	0 0.0%
	50～299人 大規模な中小製造業	15 28.8%	10 66.7%	0 0.0%	3 20.0%	2 13.3%	0 0.0%	0 0.0%

出所：調査結果をもとに筆者作成

　中小製造業が日系ブラジル人労働者を正社員で直接雇用する理由を県別に見た場合，「正社員で雇用して長く働いてもらいたいから」との回答が3県ともに約47％～66％と最も多く，中でも愛知県は66％を超える割合で，正社員で雇用する理由を定着のための布石としていることがわかる。この回答結果は，静岡県の19社のうち9社（47.4％）で，群馬県の18社のうち11社（61.1％），愛知県の15社のうち10社（66.7％）との回答結果に比べれば低い比率である。し

かし，企業数で見れば最も多い群馬県の11社，愛知県の10社とほぼ同じ企業数の回答であることからすれば，この調査項目においては，地域差はあまり見られないと分析でき，ほぼ同じような傾向であるといえよう。

次いで多かった回答として，3県ともに共通して中小製造業の約20〜30％前後が「将来の熟練工に育てたいから」と回答していることから，中小製造業が日系ブラジル人労働者を正社員で直接雇用する場合の理由，あるいは目的は，日系ブラジル人労働者の定着を図り，長期間勤務と熟練した技術を身に付けてもらうことで，企業における戦力にしたいと考えていることがわかる（**図表7-16**）。

図表7-16 中小製造業が日系ブラジル人労働者を正社員で直接雇用する理由（地域別）

		合計	正社員で雇用して長く働いてもらいたいから	日系ブラジル人労働者は仕事熱心と聞いているから	将来の熟練工に育てたいから	正社員で働きたい希望が多いから	その他	無回答
全体		52 100.0%	30 57.7%	3 5.8%	14 26.9%	5 9.6%	0 0.0%	0 0.0%
地域別	群馬県	18 34.6%	11 61.1%	1 5.6%	5 27.8%	1 5.6%	0 0.0%	0 0.0%
	静岡県	19 36.5%	9 47.4%	1 5.3%	6 31.6%	3 15.8%	0 0.0%	0 0.0%
	愛知県	15 28.8%	10 66.7%	1 6.7%	3 20.0%	1 6.7%	0 0.0%	0 0.0%

Q5 日系ブラジル人労働者を正社員で直接雇用していると回答された方にお聞きします。正社員で直接雇用する理由は何ですか

出所：調査結果をもとに筆者作成

7.2.6　中小製造業が日系ブラジル人労働者を間接雇用する理由

中小製造業が日系ブラジル人労働者を雇用する場合の雇用形態については，日系ブラジル人労働者を雇用している企業160社のうち75社（46.9％）が派遣社員，請負社員などの間接雇用で（**図表7-13**），75社のうち32社（42.7％）が「雇用調整が容易にできるから」と回答し，次いで22社（29.3％）が「必要な時に人手がすぐに確保できるから」，10社（13.3％）が「雇用管理の煩わしさ

がないから」, 8社 (10.7%) が「人材派遣会社との付き合いが長いから」と回答している。

　企業規模別に見ると，企業規模の小さな中小製造業では，間接雇用（派遣・請負社員）を中心に日系ブラジル人労働者を雇用しているのは，31社のうち6社（**図表7-13**）と少数である。したがって，各回答項目に差異はなく，「必要な時に人手がすぐに確保できるから」との回答が6社のうち2社（33.3%）で，「雇用調整が容易にできるから」と「雇用管理の煩わしさがないから」がそれぞれ1社（16.7%）であった。

　企業規模が中規模の中小製造業と大規模な中小製造業の調査結果を見ると，最も多い回答が「雇用調整が容易にできるから」で，中規模な中小製造業は36社のうち15社（41.7%），大規模な中小製造業は33社のうち16社（48.5%）であった。次いで「必要な時に人手がすぐに確保できるから」「雇用管理の煩わしさがないから」の順で回答が多く，両者ともに共通していた。

　以上のようなことから，中小製造業が日系ブラジル人労働者を雇用する場合，派遣社員や請負社員といった「間接雇用」を中心とする雇用形態での雇用をするのは，「雇用調整」が容易にできることが主な理由であることがわかった（**図表7-17**）。

図表7-17　中小製造業が日系ブラジル人労働者雇用で間接雇用を中心とする理由

| | | 合計 | Q6 現在，雇用している日系ブラジル人労働者の雇用形態が間接雇用（派遣・請負社員）が最も多いと回答した方にお聞きします。間接雇用を中心にしているのはなぜですか ||||||
			雇用調整が容易にできるから	必要な時に人手がすぐに確保できるから	雇用管理の煩わしさがないから	人材派遣会社との付き合いが長いから	その他	無回答
全体		75 100.0%	32 42.7%	22 29.3%	10 13.3%	8 10.7%	3 4.0%	0 0.0%
従業員数	～9人 小規模な中小製造業	6 8.0%	1 16.7%	2 33.3%	1 16.7%	0 0.0%	2 33.3%	0 0.0%
	10～49人 中規模な中小製造業	36 48.0%	15 41.7%	11 30.6%	6 16.7%	4 11.1%	0 0.0%	0 0.0%
	50～299人 大規模な中小製造業	33 44.0%	16 48.5%	9 27.3%	3 9.1%	4 12.1%	1 3.0%	0 0.0%

出所：調査結果をもとに筆者作成

第7章　中小製造業による日系ブラジル人労働者の雇用実態に関する調査分析　153

次に，県別の回答結果を見ると，群馬県は「雇用調整が容易にできるから」が20社のうち9社（45.0％）で最も多く，次いで「必要な時に人手がすぐに確保できるから」が5社（25.0％），「人材派遣会社との付き合いが長いから」が3社（15.0％）であった。

静岡県は，群馬県同様に「雇用調整が容易にできるから」が30社のうち13社（43.3％）と最も多く，次いで「必要な時に人手がすぐに確保できるから」が12社（40.0％），「雇用管理の煩わしさがないから」が4社（13.3％）であった。

愛知県も，群馬県，静岡県と同様に「雇用調整が容易にできるから」が25社のうち10社（40.0％），次いで「必要な時に人手がすぐに確保できるから」が5社（20.0％），「雇用管理の煩わしさがないから」が5社（20.0％）であった。

以上のことから3県すべてが共通して，日系ブラジル人労働者を間接雇用する理由として，「雇用調整が容易にできるから」や「必要な時に人手がすぐに確保できるから」と回答しているように，自社との雇用契約が存在しない間接雇用であれば「人材の調達」から「解雇から雇い止め」までが容易にできるというメリットを考慮し雇用していることがわかる（**図表7-18**）。

図表7-18　地域別に中小製造業が日系ブラジル人労働者を間接雇用する理由

| | | 合計 | Q6 現在，雇用している日系ブラジル人労働者の雇用形態が間接雇用（派遣・請負社員）が最も多いと回答した方にお聞きします。間接雇用を中心にしているのはなぜですか ||||||
			雇用調整が容易にできるから	必要な時に人手がすぐに確保できるから	雇用管理の煩わしさがないから	人材派遣会社との付き合いが長いから	その他	無回答
全体		75 100.0%	32 42.7%	22 29.3%	10 13.3%	8 10.7%	3 4.0%	0 0.0%
地域別	群馬県	20 26.7%	9 45.0%	5 25.0%	1 5.0%	3 15.0%	2 10.0%	0 0.0%
	静岡県	30 40.0%	13 43.3%	12 40.0%	4 13.3%	1 3.3%	0 0.0%	0 0.0%
	愛知県	25 33.3%	10 40.0%	5 20.0%	5 20.0%	4 16.0%	1 4.0%	0 0.0%

出所：調査結果をもとに筆者作成

7.2.7 中小製造業における日系ブラジル人労働者の 雇用形態別労働意識

　雇用形態の違い（正社員と間接雇用）によって労働意識（意欲）に違いがあるかについては，日系ブラジル人労働者を雇用している中小製造業160社のうち122社（76.3％）があるという意識があり，内訳は「あると思う」が84社（52.5％），「ややあると思う」が38社（23.8％）と回答し，「ないと思う」8社（5.0％），「あまりないと思う」9社（5.6％）の合計が17社（10.6％）であったことから，9割近くの中小製造業が雇用形態によって労働意識（意欲）に差が生ずるとしている。

　企業規模別に見た場合，小規模な中小製造業31社のうち，「あると思う」が19社（61.3％），「ややあると思う」が7社（22.6％）の計26社（83.9％）であった。一方，「ないと思う」は1社（3.2％），「あまりないと思う」は2社（6.5％）の計3社（9.7％）と少ない回答であった。

　中規模な中小製造業66社のうち，「あると思う」が35社（53.0％），「ややあると思う」は14社（21.2％）の計49社（74.2％）であり，「ないと思う」は3社（4.5％），「あまりないと思う」が5社（7.6％）の計8社（12.1％）であった。

　大規模な中小製造業の場合を見ると，合計63社のうち「あると思う」が30社（47.6％），「ややあると思う」は17社（27.0％）で，計47社（74.6％）であり，「ないと思う」は4社（6.3％），「あまりないと思う」は2社（3.2％）で計6社（9.5％）であった。

　以上のことから，中小製造業では，企業規模には関係なく，雇用形態が日系ブラジル人労働者の労働意識（意欲）に影響を与えていると考えていることがわかった（**図表7-19**）。

第7章　中小製造業による日系ブラジル人労働者の雇用実態に関する調査分析　155

図表7-19 企業規模に見た中小製造業の雇用形態が労働意識（意欲）に与える影響

		合計	Q7 日系ブラジル人労働者を雇用されている方にお聞きします。直接雇用の正社員と間接雇用の派遣社員などでは労働意識（意欲）に差異はありますか					
			あると思う	ややあると思う	どちらともいえない	あまりないと思う	ないと思う	無回答
全体		160 100.0%	84 52.5%	38 23.8%	21 13.1%	9 5.6%	8 5.0%	0 0.0%
従業員数	～9人 小規模な中小製造業	31 19.4%	19 61.3%	7 22.6%	2 6.5%	2 6.5%	1 3.2%	0 0.0%
	10～49人 中規模な中小製造業	66 41.3%	35 53.0%	14 21.2%	9 13.6%	5 7.6%	3 4.5%	0 0.0%
	50～299人 大規模な中小製造業	63 39.4%	30 47.6%	17 27.0%	10 15.9%	2 3.2%	4 6.3%	0 0.0%

出所：調査結果をもとに筆者作成

　地域別では，群馬県では「あると思う」が22社（55.0%），「ややあると思う」が11社（27.5%）で，合計40社のうち33社（82.5%）が労働意欲に与える影響があると回答し，「ないと思う」は1社（2.5%），「あまりないと思う」は3社（7.5%）で合計4社（10.0%）が労働意欲に与える影響を否定する回答結果であった。

　静岡県は「あると思う」が33社（55.0%），「ややあると思う」が10社（16.7%）であり，合計60社のうち43社（71.7%）が労働意欲に与える影響があると回答し，「ないと思う」は4社（6.7%），「あまりないと思う」が2社（3.3%）の合計6社（10.0%）が労働意欲に与える影響を否定する回答結果であった。

　愛知県は「あると思う」が29社（48.3%），「ややあると思う」が17社（28.3%）の合計60社のうち46社（76.7%）が労働意欲に与える影響があると回答し，「ないと思う」は3社（5.0%），「あまりないと思う」は4社（6.7%）の合計7社（11.7%）が労働意欲に与える影響を否定する回答結果であった。

　これらの結果から各県ともにほぼ共通した回答であり，地域にはほぼ関係なく，中小製造業は雇用形態が日系ブラジル人労働者の労働意識（意欲）に影響を与えている可能性があると考えているとの結果が得られた（**図表7-20**）。

図表7-20 地域別に見た中小製造業の雇用形態が労働意識（意欲）に与える影響

		合計	Q7 日系ブラジル人労働者を雇用されている方にお聞きします。直接雇用の正社員と間接雇用の派遣社員などでは労働意識（意欲）に差はありますか					
			あると思う	ややあると思う	どちらともいえない	あまりないと思う	ないと思う	無回答
全体		160 100.0%	84 52.5%	38 23.8%	21 13.1%	9 5.6%	8 5.0%	0 0.0%
地域別	群馬県	40 25.0%	22 55.0%	11 27.5%	3 7.5%	3 7.5%	1 2.5%	0 0.0%
	静岡県	60 37.5%	33 55.0%	10 16.7%	11 18.3%	2 3.3%	4 6.7%	0 0.0%
	愛知県	60 37.5%	29 48.3%	17 28.3%	7 11.7%	4 6.7%	3 5.0%	0 0.0%

出所：調査結果をもとに筆者作成

7.2.8 中小製造業における日系ブラジル人労働者の正社員雇用と求人ルート

中小製造業が日系ブラジル人労働者を直接雇用の正社員として雇用する場合の求人ルートについては，主な雇用形態が直接雇用の正社員と回答した52社のうち，採用経路を「ハローワークなどの公的機関」とする回答が32社（61.5％）と圧倒的に多かった。その他，「採用者の家族や同国籍者の友人・知人など」も7社（13.5％）見られたが，全体から見れば少ない。

次に，企業規模別では，小規模な中小製造業18社のうち，「採用者の家族や同国籍者の友人・知人など」が3社（16.7％），「人材派遣会社」が2社（11.1％）などの回答があったものの，「ハローワークなどの公的機関」との回答が12社（66.7％）と圧倒的に多く，中規模及び大規模の中小製造業においても概ね同様であった（**図表7-21**）。

これらの回答結果から，中小製造業は企業規模にかかわらず「ハローワークなどの公的機関」に採用ルートを求めていることがわかる。しかし，**図表7-13**で示したように，中規模な中小製造業や大規模な中小製造業の日系ブラジル人労働者の雇用形態を見ると，正社員雇用は20％台に過ぎない。したがって，ハローワークなどの公的機関を介しての求人はなされていても，日本語能

力などが採用決定の障害になっていることも考えられ，実質的に採用に至っているのかは不透明であり，それを解明するためにはさらなる調査が必要である。

また，この質問項目において，企業規模を問わず，日系ブラジル人労働者の求人媒体の1つである「エスニック系求人誌」の利活用についての回答企業が52社のうち3社（5.8%）に過ぎないことは注目すべきである。一方で，5社（9.6%）が「その他の求人媒体」と回答しているのは，インターネット広告等を利用または活用しているのではないかと推察される。

図表7-21　中小製造業における日系ブラジル人労働者の正社員雇用と求人ルート

| | | 合計 | Q8 日系ブラジル人労働者の雇用形態が直接雇用の正社員が最も多いと回答した方にお聞きします。主な採用経路（求人）は何ですか ||||||
			ハローワークなどの公的機関	人材派遣会社	採用者の家族や同国籍の友人・知人など	エスニック系求人誌など	その他の求人媒体	無回答
全体		52 100.0%	32 61.5%	5 9.6%	7 13.5%	3 5.8%	5 9.6%	0 0.0%
従業員数	～9人 小規模な中小製造業	18 34.6%	12 66.7%	2 11.1%	3 16.7%	0 0.0%	1 5.6%	0 0.0%
	10～49人 中規模な中小製造業	19 36.5%	11 57.9%	1 5.3%	2 10.5%	2 10.5%	3 15.8%	0 0.0%
	50～299人 大規模な中小製造業	15 28.8%	9 60.0%	2 13.3%	2 13.3%	1 6.7%	1 6.7%	0 0.0%

出所：調査結果をもとに筆者作成

地域によって求人ルートに差異はあるのかについて見てみると，群馬県では15社のうち9社（60.0%）が「ハローワークなどの公的機関」と回答しており，最も多かった。次いで，「採用者の家族や同国籍者の友人・知人など」で3社（20.0%），「人材派遣会社」2社（13.3%）であった。静岡県では，「ハローワークなどの公的機関」が20社のうち10社（50.0%），次いで「採用者の家族や同国籍者の友人・知人など」が3社（15.0%），「人材派遣会社」が2社（10.0%）であった。愛知県では，群馬県や静岡県と同様に「ハローワークなどの公的機関」との回答が最も多く17社のうち13社（76.5%），それ以外の求人ルートについては同数であった。

以上のことから，愛知県が「ハローワークなどの公的機関」を通じて求人をしているケースが他の2県に比べて高い比率であった。また，3県ともに高い比率で「ハローワークなどの公的機関」を求人ルートとしているが，静岡県では「エスニック系求人誌」を2社（10.0％），「その他の求人媒体」を3社（15.0％）が利用し，愛知県でも同様に「エスニック系求人誌」の利用が1社（5.9％），「その他の求人媒体」の利用も1社（5.9％）あるが，群馬県では「その他の求人媒体」の利用が1社（6.7％）あるものの，「エスニック系求人誌」を利用している企業は皆無であった。これらのことについては，地域に差異が見られた。

その他については，全体的には同じような傾向であり，あまり地域による差異は見られなかった（図表7-22）。

図表7-22　中小製造業における日系ブラジル人労働者の正社員雇用と求人ルート

| | | 合計 | Q8 日系ブラジル人労働者の雇用形態が直接雇用の正社員が最も多いと回答した方にお聞きします。主な採用経路（求人）は何ですか ||||||
			ハローワークなどの公的機関	人材派遣会社	採用者の家族や同国籍の友人・知人など	エスニック系求人誌など	その他の求人媒体	無回答
全体		52 100.0%	32 61.5%	5 9.6%	7 13.5%	3 5.8%	5 9.6%	0 0.0%
地域別	群馬県	15 28.8%	9 60.0%	2 13.3%	3 20.0%	0 0.0%	1 6.7%	0 0.0%
	静岡県	20 38.5%	10 50.0%	2 10.0%	3 15.0%	2 10.0%	3 15.0%	0 0.0%
	愛知県	17 32.7%	13 76.5%	1 5.9%	1 5.9%	1 5.9%	1 5.9%	0 0.0%

出所：調査結果をもとに筆者作成

7.2.9　中小製造業における日系ブラジル人労働者の間接雇用と求人ルート

日系ブラジル人労働者の雇用形態は，間接雇用が最も多い中小製造業の主な採用経路（求人）については，間接雇用が多いと回答した中小製造業75社のうち，採用（求人）経路が，「人材派遣会社」と回答した中小製造業が36社

(48.0%),「採用者の家族や同国籍者の友人・知人」が23社（30.7%）と，これらの回答だけで59社（78.7%）を占めていた。一方，「ハローワークなどの公的機関」を主な採用（求人）経路としていると回答した中小製造業は，75社のうち8社（10.7%）に過ぎなかった。

しかし，「ハローワークなどの公的機関」を求人経路としている中小製造業を企業規模別に見ると，小規模な中小製造業については，1社も回答がなかったのに対して，中規模な中小製造業では，36社のうち3社（8.3%），大規模な中小製造業は33社のうち5社（15.2%）が利用していると回答した。

75社全体から見れば「ハローワークなどの公的機関」を求人経路としている割合は低く，「人材派遣会社」や「採用者の家族，同国籍者の友人・知人」が多かったものの，企業規模が大きいほど「ハローワークなどの公的機関」の利用度が高く，企業規模が小さいほど利用度が低い傾向にあることがわかった（図表7-23）。

図表7-23　中小製造業における日系ブラジル人労働者の間接雇用と求人ルート

		合計	ハローワークなどの公的機関	人材派遣会社	採用者の家族や同国籍の友人・知人など	エスニック系人誌など	その他の求人媒体	無回答
全体		75 100.0%	8 10.7%	36 48.0%	23 30.7%	3 4.0%	5 6.7%	0 0.0%
従業員数	〜9人 小規模な中小製造業	6 8.0%	0 0.0%	3 50.0%	2 33.3%	0 0.0%	1 16.7%	0 0.0%
	10〜49人 中規模な中小製造業	36 48.0%	3 8.3%	16 44.4%	12 33.3%	2 5.6%	3 8.3%	0 0.0%
	50〜299人 大規模な中小製造業	33 44.0%	5 15.2%	17 51.5%	9 27.3%	1 3.0%	1 3.0%	0 0.0%

出所：調査結果をもとに筆者作成

中小製造業が日系ブラジル人労働者を派遣社員・請負社員として間接雇用する場合の採用（求人）経路は，企業規模の大きな中小製造業ほど「ハローワークなどの公的機関」を利用する傾向は見られたものの，全体的に見れば企業規模にかかわらず，多くの企業が「人材派遣会社」や「採用者の家族，同国籍者

の友人・知人など」を介して，採用しているという調査結果であった。

　地域別に見た場合は，群馬県，静岡県，愛知県の中小製造業全体では，75社のうち36社（48.0％）が主に「人材派遣会社」を仲介者として採用しているとの回答であり，23社（30.7％）が主に「採用者の家族，同国籍者の友人・知人」を介して採用をしているとの回答結果であった。このような傾向は地域別に大きな差異はない。

　一方で，「ハローワークなどの公的機関」を介しての採用は，75社のうち8社（10.7％）と低い利用度であるが，前項でも述べたとおり企業規模が大きいほど「ハローワークなどの公的機関」の利用度は高く，企業規模が小さいほど「人材派遣会社」や「採用者の家族，同国籍者の友人・知人」などを求人ルートとしている。

　その他，「エスニック系求人紙」による求人が3社（4.0％），「その他の求人媒体」と回答した中小製造業が5社（6.7％）見られた。「エスニック系の求人紙」の利用は群馬県が他の県よりも多く，地域的な特徴と考えられる。「その他の求人媒体」の利用度が高いのは静岡県であり，他の県がそれぞれ1社だけの利用（5.0％と4.0％）であるのに対し，静岡県は3社（10.0％）と利用度が高かった。これらのことは地域的な特徴でもある（**図表7-24**）。

図表7-24 地域別に見た中小製造業における日系ブラジル人労働者の間接雇用と求人ルート

		合計	ハローワークなどの公的機関	人材派遣会社	採用者の家族や同国籍の友人・知人など	エスニック系求人誌など	その他の求人媒体	無回答
全体		75 100.0%	8 10.7%	36 48.0%	23 30.7%	3 4.0%	5 6.7%	0 0.0%
地域別	群馬県	20 26.7%	2 10.0%	9 45.0%	6 30.0%	2 10.0%	1 5.0%	0 0.0%
	静岡県	30 40.0%	3 10.0%	14 46.7%	10 33.3%	0 0.0%	3 10.0%	0 0.0%
	愛知県	25 33.3%	3 12.0%	13 52.0%	7 28.0%	1 4.0%	1 4.0%	0 0.0%

Q9　日系ブラジル人労働者の雇用形態が間接雇用が最も多いと回答した方にお聞きします。主な採用経路（求人）は何ですか

出所：調査結果をもとに筆者作成

7.2.10 中小製造業が日系ブラジル人労働者を雇用しない理由

　日系ブラジル人労働者を雇用していない中小製造業51社（**図表7-25**）のうち，雇用しない理由としての回答数が最も多かったのは「すぐに転職してしまうから」であり，19社（37.3％）と，約3社に1社以上がこの理由を挙げている。次いで「日本人社員とのコミュニケーションが心配だから」との回答が12社（23.5％）あり，日本人社員との職場における融合性を心配する面が見られた。また，「企業イメージが低下するから」との回答も8社（15.7％）あり，日系ブラジル人労働者に限ることではないと考えられるが，外国人社員が多くなることへの懸念も見られる結果であった。

　企業規模別に見ると，小規模な中小製造業で最も多かった回答は，「すぐに転職してしまうから」で，19社のうち8社（42.1％）がせっかく雇用してもすぐに転職してしまうことが雇用しない理由であると回答している。次いで「日本語ができない人が多いから」が6社（31.6％），「日本人社員とのコミュニケーションが心配だから」が4社（21.1％）であった。

　中規模な中小製造業では，最も多い回答は「すぐに転職してしまうから」で17社のうち6社（35.3％），次いで「企業イメージが低下するから」と「日本人社員とのコミュニケーションが心配だから」がそれぞれ5社（29.4％）であった。大規模な中小製造業で最も多い回答は，「すぐに転職してしまうから」で15社のうち5社（33.3％），次いで「企業イメージが低下するから」と「日本人社員とのコミュニケーションが心配だから」がそれぞれ3社（20.0％）であった。

　以上のことから，中小製造業が日系ブラジル人労働者を雇用しない理由は，企業規模別に見てもほぼ同様の回答結果であり，大きな差異は見られなかった（**図表7-25**）。

図表7-25 中小製造業が日系ブラジル人労働者を雇用しない理由

Q10 日系ブラジル人労働者を雇用していないと回答した方にお聞きします。雇用しない理由は何ですか

		合計	戦力にならないから	日本人社員とのコミュニケーションが心配だから	日本語ができない人が多いから	すぐに転職してしまうから	企業イメージが低下するから	その他・無回答
全体		51 100.0%	2 3.9%	12 23.5%	9 17.6%	19 37.3%	8 15.7%	1 2.0%
従業員数	～9人 小規模な中小製造業	19 37.3%	1 5.3%	4 21.1%	6 31.6%	8 42.1%	0 0.0%	0 0.0%
	10～49人 中規模な中小製造業	17 33.3%	0 0.0%	5 29.4%	1 5.9%	6 35.3%	5 29.4%	0 0.0%
	50～299人 大規模な中小製造業	15 29.4%	1 6.7%	3 20.0%	2 13.3%	5 33.3%	3 20.0%	1 6.7%

出所：調査結果をもとに筆者作成

　地域による差異については，群馬県での最も多い回答は「すぐに転職してしまうから」で21社のうち8社（38.1％），次いで「日本語ができない人が多いから」が6社（28.6％），「日本人社員とのコミュニケーションが心配だから」が4社（19.0％）であった。

　静岡県では「すぐに転職してしまうから」が最も多く，15社のうち6社（40.0％），次いで「企業イメージが低下するから」が4社（26.7％），「日本人社員とのコミュニケーションが心配だから」が3社（20.0％）であった。愛知県では，「すぐに転職してしまうから」と「日本人社員とのコミュニケーションが心配だから」が，それぞれ15社のうち5社（33.3％）で，以下「日本語ができない人が多いから」も2社（13.3％）あった。地域別に見た場合，どの県においても同じような傾向が見られた。

　「企業イメージが低下するから」との回答は，全51社のうち8社（15.7％）であるが，静岡県の場合は，15社のうち4社（26.7％）と，他の県に比べて高い比率の回答となっている。これは静岡県の中小製造業15社の回答であることから，企業規模との関連性も考慮しなければならない（図表7-26）。

第7章　中小製造業による日系ブラジル人労働者の雇用実態に関する調査分析　　163

図表7-26　県別に見た中小製造業が日系ブラジル人労働者を雇用しない理由

| | | 合計 | Q10 日系ブラジル人労働者を雇用していないと回答した方にお聞きします。雇用しない理由は何ですか ||||||
			戦力にならないから	日本人社員とのコミュニケーションが心配だから	日本語ができない人が多いから	すぐに転職してしまうから	企業イメージが低下するから	その他・無回答
全体		51 100.0%	2 3.9%	12 23.5%	9 17.6%	19 37.3%	8 15.7%	1 2.0%
地域別	群馬県	21 41.2%	1 4.8%	4 19.0%	6 28.6%	8 38.1%	2 9.5%	0 0.0%
	静岡県	15 29.4%	1 6.7%	3 20.0%	1 6.7%	6 40.0%	4 26.7%	0 0.0%
	愛知県	15 29.4%	0 0.0%	5 33.3%	2 13.3%	5 33.3%	2 13.3%	1 6.7%

出所：調査結果をもとに筆者作成

7.3　中小製造業に対するインタビュー調査の概要

　中小製造業へのインタビュー調査は，電話による聞き取り調査を行った群馬県，静岡県，愛知県の帝国データバンク各県支店に登録された中小製造業の中から抽出した各県それぞれ3社に対して行った。なお，企業規模によって外国人雇用に対する意識が異なることも推察されることから，電話による聞き取り調査で行った方法（従業員数に応じて分ける方法）同様に，従業員数9人以下を各県3社，10人以上49人以下を各県3社，50人以上299人以下を各県3社の合計9社とした（**図表7-27・図表7-28・図表7-29**）。

　調査の方法は，半構造化面接法による方法の対面インタビュー及びインタビュー先企業の申し出により，インタビューを行った9社のうち，5社についてはリモートによるインタビューを行った。なお，調査期間は2022年9月14日から2023年1月28日であり，主な質問項目は以下に示したとおりである（**図表7-30**）。

図表7-27　インタビュー調査先企業の属性（群馬県3社）

	群馬県A社	群馬県B社	群馬県C社
調査日（時間）	2022年11月20日 (10時30分〜11時30分)	2022年12月7日 (10時30分〜11時30分)	2022年11月28日 (14時00分〜15時00分)
所在地	群馬県太田市	群馬県邑楽郡大泉町	群馬県伊勢崎市
担当者	総務係長	常務取締役	人事課長
面接方法・場所	リモート	リモート	リモート
企業概要			
設立	1964年	1993年	1959年
資本金	1,000万円	5,000万円	5,000万円
従業員数（外国人）	8人（2人：すべて日系ブラジル人）	45人（5人：日系ブラジル人，ベトナム人）	290人（17人：日系ブラジル人，中国人他）
売上高	9,000万円	5億円	21億9,000万円
主な事業	自動車サスペンション部品製造，太陽光パネル治具，住宅部品製造	自動車用純正部品製造，その他	自動車部品加工，特殊ロール成形，樹脂複合押出成形加工，その他

出所：筆者作成

図表7-28　インタビュー調査先企業の属性（静岡県3社）

	静岡県D社	静岡県E社	静岡県F社
調査日（時間）	2022年9月14日 (13時00分〜14時00分)	2022年9月17日 (14時30分〜15時30分)	2022年9月21日 (10時00分〜11時30分)
所在地	静岡県浜松市西区	静岡県湖西市	静岡県浜松市浜北区
担当者	代表取締役社長	総務課長	人事課長
面接方法・場所	対面（D社社員食堂）	対面（E社応接室）	対面（F社応接室）
企業概要			
設立	1964年	1967年	1944年
資本金	1,000万円	5,000万円	6,000万円
従業員数（外国人）	9人（2人：すべて日系ブラジル人）	64人（5人：日系ブラジル人，ベトナム人）	294人（18人：日系ブラジル人，中国人）
売上高	1億2,000万円	7億円	18億9,000万円
主な事業	自動車部品プレス加工，溶接部品加工（四輪40%，二輪30%，その他）	自動車用部品成型組立	自動車部品加工，特殊ロール成形，樹脂複合押出成形加工，その他

出所：筆者作成

第 7 章　中小製造業による日系ブラジル人労働者の雇用実態に関する調査分析　　165

図表 7 -29　インタビュー調査先企業の属性（愛知県 3 社）

	愛知県G社	愛知県H社	愛知県I社
調査日（時間）	2023年 1 月28日 （14時00分～15時00分）	2022年 1 月19日 （13時00分～14時00分）	2023年 1 月13日 （16時00分～17時00分）
所在地	愛知県豊田市	愛知県岡崎市	愛知県豊橋市
担当者	代表取締役社長	業務課長	総務係長
面接方法・場所	リモート	対面（H社会議室）	リモート
企業概要			
設立	1968年	1946年	1953年
資本金	600万円	4,500万円	2,700万円
従業員数（外国人）	6 人（1 人：日系ブラジル人）	43人（7 人：日系ブラジル人，ベトナム人）	130人（6 人：日系ブラジル人，日系ペルー人）
売上高	8,000万円	3 億円	11億5,000万円
主な事業	自動車部品製造，（福祉車両部品，輸出特殊車両関係部品）	自動車ボデー用溶接設備設計製作，マルチ溶接機，その他	四輪車・二輪車オイルポンプギア製造，電動アシスト自転車ギア製造，その他

出所：筆者作成

図表7-30　中小製造業に対するインタビュー調査の主な質問項目

1．企業属性
　　①企業名，②所在地，③設立年，④従業員数，⑤売上高，業種または主な製品
2．外国人労働者雇用の状況に関して
　・外国人就労者数[注1]（うち雇用関係のある人数[注2]）
　・就労中の外国人労働者数（うち雇用関係にある外国人労働者数）
　・就労中の日系ブラジル人労働者数（うち雇用関係にある日系ブラジル人労働者数）
　・日系ブラジル人労働者以外の外国人労働者の出身国
　・雇用関係のある外国人労働者の職種
　・雇用関係のない外国人労働者の職種
　・雇用している外国人労働者の在留資格
　・外国人労働者の雇用を始めた時期及びその後の雇用形態の変化（直接雇用，間接雇用（派遣・請負））
3．外国人労働者の雇用に関して
　・外国人労働者を雇用している理由（日本人の採用が困難，事業上外国語能力が必要，その他など）
　・外国人労働者の雇用関係の有無に対する基本的な考え方
4．外国人労働者を直接雇用している場合
　・直接雇用した外国人労働者は，日本在住者か，海外からの直接雇用か
　・直接雇用した理由
　・今後採用する外国人労働者の雇用形態は，直接雇用または間接雇用のいずれに重点を置くか
5．採用経路，育成方法，退職，その他
　・現在雇用している外国人労働者の主な採用経路
　・雇用中の日系ブラジル人労働者の主な採用経路
　・日系ブラジル人労働者の退職，定着について，直接雇用の場合と間接雇用の場合の違い
　・人材派遣会社の利用度
6．その他

（注1）　派遣，請負，非正規社員などすべての雇用形態で雇用している外国人労働者
（注2）　「雇用関係にある」とは，インタビューをした中小製造業が直接雇用している場合
出所：筆者作成

7.4 中小製造業に対するインタビュー調査の結果分析

7.4.1 中小製造業に対するインタビュー調査の結果のまとめ

　中小製造業9社に対するインタビュー調査は，本章前段で述べた中小製造業に対する電話による聞き取り調査を行った地域と重複する地域で実施した。本章における中小製造業へのインタビュー調査は，電話による聞き取り調査を補完することを目的としたので，インタビュー先の中小製造業が電話による聞き取り調査と同一エリア（市などの同じ行政地域）にあること，また，企業規模も，従業員規模に応じて「小規模な中小製造業」「中規模な中小製造業」「大規模な中小製造業」の3つに区分し，群馬県に所在する中小製造業3社，静岡県に所在する中小製造業3社，愛知県に所在する中小製造業3社の合計9社に対して行った。

　インタビューでは，本章の**図表7-30**で示した「中小製造業に対するインタビュー調査の主な質問事項」での質問を中心に，半構造化インタビューによる方法で行った。なお，以下に述べる調査結果のまとめでは，本章の**図表7-27**，**図表7-28**，**図表7-29**でインタビュー調査を行った各企業の属性を明記しているので，その詳細については本章では割愛する。

7.4.2 群馬県の中小製造業3社へのインタビュー調査結果のまとめ

(1) A社

　A社は従業員数8人の小規模な中小製造業である。外国人の雇用状況は日系ブラジル人労働者2人で，2人ともに直接雇用の正社員として雇用している。小規模の製造業は若い日本人は敬遠することが多く，この企業においても日本人従業員の採用は厳しいようで，今後も外国人の社員を雇用していきたいという考え方である。この企業の場合，外国人労働者の主な求人ルートとして今のところハローワーク等の公的機関を利用しており，現在雇用している2人もハローワークからの紹介である。入社後の教育については上司による社内教育で済ませ，特に問題はないとのことである。

　2人は4年ほど転職せずにこの企業で定着して働いている（**図表7-31**）。

図表7-31　群馬県A社へのインタビュー調査結果

主な質問項目	結果のまとめ
①外国人の雇用状況	・40歳代の日系ブラジル人2名を直接雇用の正社員で雇用。2名ともに約4年間継続勤務している。
②外国人労働者の雇用に対する考え方	・日本人社員の採用が困難なため，それに代えて外国人を雇用するという考え方である。
③採用経路，外国人社員の育成方法，外国人社員の退職　その他	・ハローワークへの求人，教育は社内で上司が行っている。定着して働いているので，転職については心配していない。 ・今後，彼らを一人前の人材として育てたい意向である。

出所：調査結果をもとに筆者作成

(2) B社

B社は従業員数が45人で中規模な中小製造業である。外国人の雇用状況は，日系ブラジル人3人，ベトナム人2人で，雇用形態の内訳は日系ブラジル人のうち1人が直接雇用の正社員，その他の2人は派遣社員とパート社員である。ベトナム人については2人とも技能実習生である。外国人の採用経路については，従来は派遣社員が中心であったため人材派遣会社を中心に求人をしていたが，最近ではハローワーク等の公的機関も活用している。

図表7-32　群馬県B社へのインタビュー調査結果

主な質問項目	結果のまとめ
①外国人の雇用状況	・外国人5人を雇用している。内訳は日系ブラジル人3人，ベトナム人が2人である。雇用形態は日系ブラジル人のうち1人が直接雇用の正社員，その他は派遣社員，パート社員，ベトナム人は技能実習生である。
②外国人労働者の雇用に対する考え方	・今後も日本人若手社員の採用は厳しくなるので，将来的には外国人を正社員で雇用していくことを考えている。
③採用経路，外国人社員の育成方法，外国人社員の退職　その他	・採用経路は，今までは派遣社員が多かったので人材派遣会社が主であった。最近ではハローワークや国際交流協などの公的機関も活用している。 ・外国人の教育は，正社員は社内，派遣社員は人材派遣会社が行っているので，自社ではあまり考えていない。 外国人労働者の正社員としての雇用は初めてであるが，4年ほど勤務しているので転職については心配していない。

出所：調査結果をもとに筆者作成

外国人社員の教育については，派遣社員，技能実習生の仕事は単純作業が多いので，基本的には人材派遣会社が教育をしているし，社内でも簡単な教育を行っている。正社員で雇用している外国人は，社内で教育をしている（**図表7-32**）。

(3) C社

C社については，日系ブラジル人11人と中国人及びベトナム人をそれぞれ3人ずつ雇用している。日系ブラジル人はすべて派遣社員であり，中国人とベトナム人はすべて技能実習生である。外国人労働者の雇用については，基本的には派遣社員と技能実習生の雇用を考えている。したがって，採用経路もそれに合致するルートであり，主に人材派遣会社からの採用である。外国人労働者の教育については，仕事そのものが難しい仕事ではなく単純作業が多いので，社内での簡単な教育で済ませているし，それで十分であるとしている（**図表7-33**）。

図表7-33　群馬県C社へのインタビュー調査結果

主な質問項目	結果のまとめ
①外国人の雇用状況	・日系ブラジル人11人，中国人とベトナム人をそれぞれ3人の17人を雇用，すべての外国人が派遣社員及び技能実習生。
②外国人労働者の雇用に対する考え方	・基本的には派遣社員，技能実習生として雇用することを将来的にも考えている。
③採用経路，外国人社員の育成方法，外国人社員の退職その他	・派遣社員が多いので人材派遣会社が主な求人ルートである。派遣社員については，基本的には，比較的単純な作業なので，社内で簡単な教育で済ませている。 ・派遣社員については，すぐに転職する傾向があり，長続きしないというように認識している（人材派遣会社へのインタビューでも同様の回答を得ている）。

出所：調査結果をもとに筆者作成

7.4.3　静岡県の中小製造業3社へのインタビュー調査結果のまとめ

(1) D社

D社は従業員数9人の小規模な中小製造業である。外国人の雇用状況は，日

系ブラジル人労働者2人で，2人ともに直接雇用の正社員である。外国人労働者の雇用については，日本人の採用が困難であり，今後はさらに外国人を正社員で雇用する必要性があると認識しているようであった。

外国人労働者の転職については，現在雇用している正社員の日系ブラジル人労働者は，8年間継続して勤務していることから，今後転職するとは思わない。また，教育については，入社早々には日本語で苦労したが，今は仕事上の問題はないようである。なお，採用経路については，質問に対して特に回答はなかった（図表7-34）。

図表7-34　静岡県D社へのインタビュー調査結果

主な質問項目	結果のまとめ
①外国人の雇用状況	・日系ブラジル人1人を正社員として雇用している。5年間定着して勤務している。
②外国人労働者の雇用に対する考え方	・日本人社員の採用は困難であり，外国人社員を人材派遣ではなく正社員として雇用せざるを得ない。
③採用経路，外国人社員の育成方法，外国人社員の退職その他	・日本語に関して仕事上苦労したが，徐々に覚えて今では問題はない。今雇用している日系ブラジル人は5年間勤務しているので転職の心配はない。採用経路については回答がなかった。

出所：調査結果をもとに筆者作成

(2) E社

E社は従業員数64人の中規模の中小製造業である。外国人労働者の雇用状況は日系ブラジル人労働者3人とベトナム人技能実習生2人であり，日系ブラジル人労働者3人のうち1人が直接雇用の正社員で，その他の2人は人材派遣会社からの派遣社員である。外国人労働者の雇用に対する考え方は，日本人社員の雇用が困難であるがゆえの外国人雇用という考え方であり，特に正社員として直接雇用することについては，積極的であるとはいえない。

採用経路についての言及はなかったが，現在，正社員として雇用している日系ブラジル人労働者については，5年間継続勤務していることもあり，一般的にいわれている「日系ブラジル人労働者は短期間で退職，転職する」というようには思っていないようである（図表7-35）。

図表7-35　静岡県E社へのインタビュー調査結果

主な質問項目	結果のまとめ
①外国人の雇用状況	・5人を雇用している。内訳はブラジル人3人，ベトナム人2人である。ブラジル人のうち1人が正社員で他の2人は派遣社員である。ベトナム人の2人は，いずれも技能実習生である。
②外国人労働者の雇用に対する考え方	・基本的には日本人の採用を優先，外国人の雇用は日本人社員の補完程度，外国人労働者の雇用は企業イメージの低下に結び付く。
③採用経路，外国人社員の育成方法，外国人社員の退職その他	・採用経路は基本的に人材派遣会社からの採用が主である。 ・派遣社員も技能実習生も難しい仕事はさせていないので，教育にはこだわっていない。派遣社員だから退職，転職は当たり前との考え方。

出所：調査結果をもとに筆者作成

(3) F社

F社は従業員数294人の大規模な中小製造業である。外国人の雇用状況は日系ブラジル人労働者13人，中国人5人であり，日系ブラジル人労働者の雇用形態を見ると，3人が直接雇用の正社員で，その他の10人は人材派遣会社からの派遣社員である。外国人雇用に対する考え方は，基本的には人材派遣会社からの派遣社員で人手の補完をするという考え方である。すなわち，外国人社員はあくまでも人手不足の際の補完の役割であると回答している。

仕事の難易度は低く難しい仕事はやらせていないので，おおげさに教育をす

図表7-36　静岡県F社へのインタビュー調査結果

主な質問項目	結果のまとめ
①外国人の雇用状況	・18人の外国人を雇用，内訳は日系ブラジル人が13人と中国人技能実習生が5人である。日系ブラジル人の雇用形態は3人が正社員，その他10人は派遣社員である。
②外国人労働者の雇用に対する考え方	・人手不足の部分を補完する役割，雇用調整が可能な派遣社員，パート社員などの非正規雇用の雇用形態が理想と考えている。
③採用経路，外国人社員の育成方法，外国人社員の退職その他	・基本的には人材派遣会社からの採用が主で，正社員での雇用は特異なケースである。 ・外国人の育成，教育については，難しい仕事はさせていないので，大げさに教育するというよりも，仕事の手順を教える程度。

出所：調査結果をもとに筆者作成

ることは考えていないとの回答であった。採用経路は派遣社員が大半であることから，人材派遣会社が採用ルートである（**図表7-36**）。

7.4.4 愛知県の中小製造業3社へのインタビュー調査結果のまとめ

(1) G社

G社は従業員数6人の小規模な中小製造業である。外国人の雇用状況は，日系ブラジル人労働者1人であり，直接雇用の正社員として雇用している。外国人雇用に対する考え方は，小規模の中小製造業であるがゆえに，人手不足が深刻であり日本人か外国人かにこだわる余裕はないといったものである。

採用経路については，これといったものはないと回答している。1人の日系ブラジル人労働者しか雇用していないが，すでに6年間継続して勤務していることもあり，今後転職することはないと回答している（**図表7-37**）。

図表7-37 愛知県G社へのインタビュー調査結果

主な質問項目	結果のまとめ
①外国人の雇用状況	・日系ブラジル人労働者1人を直接雇用の正社員で雇用している。
②外国人労働者の雇用に対する考え方	・小規模の中小製造業であり，人手の確保を優先するとの考え方から，日本人か外国人かについては考えていない。
③採用経路，外国人社員の育成方法，外国人社員の退職その他	・これといった採用経路はない。現在雇用している1人の日系ブラジル人労働者の場合は，知人の紹介である。 ・雇用人数1人ということで，教育というより家族的雰囲気の中で仕事を覚えてもらうとのことであった。 ・正社員として6年間働いているので，今後，転職することはないであろうとのこと。

出所：調査結果をもとに筆者作成

(2) H社

H社は従業員数43人の，企業規模としては中規模の中小製造業である。外国人の雇用状況としては，日系ブラジル人労働者5人とベトナム人技能実習生2人の7人が働いている。雇用形態は日系ブラジル人労働者の全員が派遣社員であり，外国人については正社員として雇用することは考えておらず，あくまでも基本的には日本人労働者の採用を優先するという考え方である。派遣社員ま

たは技能実習生であるので，仕事の手順を指導する程度であり，社員教育的なことはなされていない。また，外国人の採用経路については，人材派遣を主体としているので，人材派遣会社を通じた採用である（**図表7-38**）。

図表7-38 愛知県H社へのインタビュー調査結果

主な質問項目	結果のまとめ
①外国人の雇用状況	・日系ブラジル人労働者5人，ベトナム人技能実習生2人を雇用，日系ブラジル人労働者は全員派遣社員。
②外国人労働者の雇用に対する考え方	・人手の確保については，基本的に日本人社員の採用を考えている。外国人の雇用はあくまでも日本人社員の補完。
③採用経路，外国人社員の育成方法，外国人社員の退職その他	・採用経路は人材派遣会社が大半。 ・仕事上の教育は職長が個別に外国人労働者を指導。 ・派遣社員は，前の就労場所での経験があり，同じような仕事だから，教育の必要はあまりない。

出所：調査結果をもとに筆者作成

(3) I社

I社は従業員数130人の大規模な中小製造業である。外国人の雇用者数は6人であり，内訳は日系ブラジル人労働者が4人，日系ペルー人労働者が2人である。これらの外国人労働者のうち，直接雇用の正社員で雇用しているのは，日系ブラジル人労働者1人だけで，その他の外国人労働者はすべて人材派遣会社からの派遣社員である。外国人の雇用は積極的には考えておらず，日本人社員が採用できればそれを優先するといった考え方である。

日本人の採用経路については，ハローワーク，高等学校，大学，専門学校などに求人しているが，外国人の場合は，人材派遣会社への求人がほぼ100％である。外国人の転職については派遣社員の場合は転職するのは当然とのことで，教育については日本語を教える程度である（**図表7-39**）。

図表7-39 愛知県Ⅰ社へのインタビュー調査結果

主な質問項目	結果のまとめ
①外国人の雇用状況	・雇用している外国人は6人，日系ブラジル人労働者が4人，日系ペルー人が2人，正社員での雇用は日系ブラジル人労働者のうち1人，その他はすべて派遣社員。
②外国人労働者の雇用に対する考え方	・日本人の採用は困難であるが，基本的には日本人の採用を考えている。
③採用経路，外国人社員の育成方法，外国人社員の退職その他	・採用経路は，人材派遣会社がほぼ100％である。 日本人の求人はハローワーク，高等学校，大学，専門学校などに行っている。 ・派遣社員は短期で退職するのは当たり前，日本人は外国人に比べて勤続年数が長い。 ・外国人の派遣社員には，日本語を教える程度の教育を行っている。

出所：調査結果をもとに筆者作成

7.4.5 中小製造業へのインタビュー調査結果の分析

　本書では，中小製造業に対して実施したインタビュー調査の分析を行うにあたり，オープンコーディングによる分析手法で調査内容をカテゴリー化して分析する方法，KHコーダーを用いた共起ネットワーク図を作成して可視化する方法の2つの分析手法を用いた。中小製造業への主な質問項目については**図表7-30**に示したとおりである。

　外国人労働者の雇用状況については，雇用人数や雇用形態において，企業規模によって差異が見られた。小規模の中小製造業は規模の大きな中小製造業に比べて雇用人数は少数であるが，小規模であるがゆえに日本人社員の採用が困難であり，日系ブラジル人労働者を正社員で直接雇用し育成していた。一方で，企業規模が大きくなるにつれて雇用人数も多いが，雇用形態を見ると，派遣社員，請負社員，パート社員や期間工，季節工といった雇用形態での雇用が多い。このような傾向はインタビュー調査を行った地域に共通しており，地域間における差異は見られなかった。

　採用ルートについては，基本的には人材派遣会社を通じて採用する場合が多いものの，すでに自社で間接雇用している日系ブラジル人労働者を通じての縁故採用の場合も見られる。一方で，派遣社員，請負社員については，「ハロー

ワーク」「国際交流協会」などに求人依頼をすることは少ない。

外国人社員の教育，育成については，彼らの仕事の内容がライン作業などの単純労働が多く，それ以上の高度な仕事を求めてはいないことから，あまり行われていないことがわかった。インタビュー結果をオープンコーディングによる分析手法でカテゴリー化するとともに，KHコーダーを用いた共起ネットワーク図を作成して可視化し，そこから得られた知見に基づいて検証する。

共起ネットワーク図は**図表7-40**に示したとおり，3つのパターンを作成した。Pattern 1は群馬県の中小製造業3社のインタビュー結果を可視化した共起ネットワーク図，Pattern 2は静岡県の中小製造業3社のインタビュー結果を可視化した共起ネットワーク図，Pattern 3は愛知県の中小製造業3社のインタビュー結果を可視化した共起ネットワーク図である。

以下，中小製造業に対して行ったインタビュー調査内容をオープンコーディング化し，3つのパターンで共起ネットワーク図に示す（**図表7-41，図表7-42，図表7-43，図表7-44**）。それぞれの共起ネットワーク図の作成に伴う，抽出語リストを参考資料として末尾に添付した。

分析の結論として，3地域の中小製造業では日系ブラジル人労働者を含む外国人の雇用は，アンケート調査（電話による聞き取り調査）では，企業規模の違いによって雇用に対する考え方が異なる結果であった。インタビュー調査結果の分析では，企業規模の違いによる相違は明らかにできないが，3地域の中小製造業に共通していることは，日系ブラジル人労働者の雇用は，人材派遣会社を介した派遣社員での雇用が多いということである。

図表7-40 共起ネットワーク図のパターン（中小製造業）

共起ネットワーク図	共起ネットワーク図の構成要素
共起ネットワーク図Pattern 1	群馬県でのインタビューA社・B社・C社
共起ネットワーク図Pattern 2	静岡県でのインタビューD社・E社・F社
共起ネットワーク図Pattern 3	愛知県でのインタビューG社・H社・I社

出所：調査結果をもとに筆者作成

7.4.6 オープンコーディングによるカテゴリー化での分析

群馬県，静岡県，愛知県の中小製造業9社に対して行ったインタビュー調査の内容をサブカテゴリー2，サブカテゴリー1，カテゴリーと，段階的にカテゴリー化した図は，図表7-41に示したとおりである。

図表7-41 中小製造業へのインタビュー調査結果のカテゴリー化（オープンコーディング）

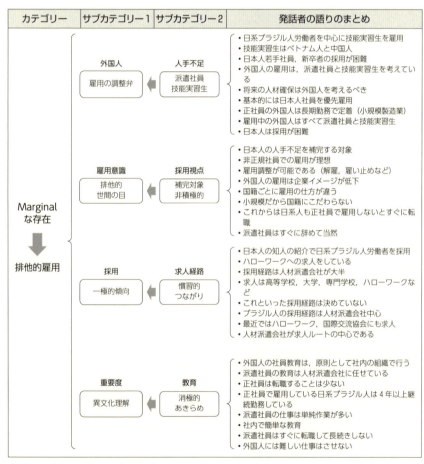

出所：調査結果をもとに筆者作成

3つの地域の中小製造業9社へのインタビュー調査では，共通して人手不足であり，それを派遣社員や技能実習生で補うという補完的雇用の側面がある。したがって，日系ブラジル人労働者を正社員として直接雇用することは少なく，あくまでも間接雇用が主な雇用形態である。なぜ直接雇用を避けて間接雇用なのかについては，日系ブラジル人労働者の求人ルートが慣習的に人材派遣会社に偏重していることに加え，日系ブラジル人労働者に限らず外国人労働者を「Marginal」な存在とする排他的雇用意識が存在するからであろうと推察される。

このようなことは，中小製造業へのアンケート調査からも分析できる。

7.4.7　共起ネットワーク図Pattern 1 の分析

群馬県の中小製造業3社に対して行ったインタビュー調査から得られた抽出語をもとにした共起ネットワーク図が，**図表7-42**に示したとおりである。

第1Groupでは，出現度が最も高いのは「派遣社員」で，次いで「社員」「雇用」「ブラジル人」「人材派遣会社」などが見られる。そして第2Groupに出現している「真面目」「職場」「長続き」などと結び付いているものの，結び付きは弱い。

第2Groupは，「職場」「経験」「長続き」「真面目」などと結び付き，第3Groupは，「退職」「短期間」「採用経路」との結び付きがある。第4Groupに出現している「当社」「メリット」「賃金」，第5Group及び第6Groupの「男性」「日本語」「支障」や「求人」「ハローワーク」「紹介」などの抽出語との結び付きは弱い。

以上のことから，群馬県の中小製造業は，日系ブラジル人労働者を含む外国人労働者の雇用において，「派遣社員」「人材派遣会社」を重視していると分析できる。

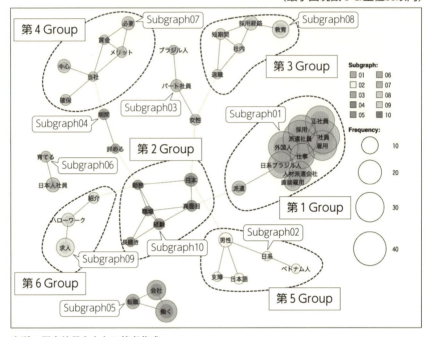

図表7-42　Pattern 1　群馬県の中小製造業3社

（最小出現数3＆上位60以内）

出所：調査結果をもとに筆者作成

7.4.8　共起ネットワーク図Pattern 2 の分析

　静岡県の中小製造業3社に対して行ったインタビュー調査から得られた抽出語をもとにした共起ネットワーク図は，**図表7-43**に示したとおりである。

　第1Groupで出現度が高いのは，「社員」「採用」「外国人」「人材派遣会社」「日系ブラジル人」「派遣社員」などである。他のGroupの結び付きを見ると，第2Groupの「採用経路」「退職」「単純」「作業」，第3Groupの「雇用形態」「直接雇用」「従業員」「紹介」などとの関連性を見ることができるが，出現度は低く第1Groupとの結び付きは弱い。

　以上のことから，静岡県の中小製造業から分析できることは，日系ブラジル人労働者を含む外国人労働者を雇用する上で，「人材派遣会社」「派遣社員」と

第7章　中小製造業による日系ブラジル人労働者の雇用実態に関する調査分析　179

いったことを重視していると分析できる。

また，静岡県の共起ネットワークが他県のものとは異なる結果が生じているのは，日系ブラジル人労働者に対する雇用の考え方が異なることが要因ではないかと推察する。

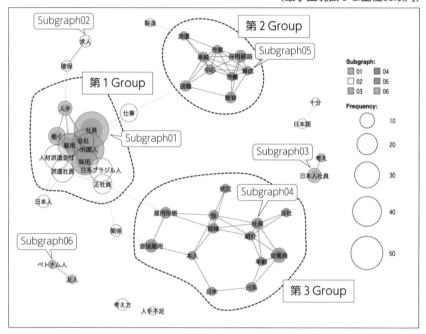

図表7-43 Pattern 2　静岡県の中小製造業3社

（最小出現数3＆上位60以内）

出所：調査結果をもとに筆者作成

7.4.9　共起ネットワーク図Pattern 3の分析

愛知県の中小製造業3社に対して行ったインタビュー調査から得られた抽出語をもとにした共起ネットワーク図は，**図表7-44**に示したとおりである。

第1Groupでは，「社員」「外国人」「日本人社員」「日系ブラジル人」などが多く出現し，1つのGroupを形成している。第2Groupでは，「派遣社員」「人材派遣会社」が出現しているものの，第1Groupとの結び付きは弱い。第

3Groupでは「雇用」「会社」などが多く出現し，第2Groupとの結び付きが強い。

第4Groupでは，「採用経路」「派遣」「退職」「転職」，第5Groupでは，「求人」「人手」「新卒」，第6Groupでは「雇用形態」「日系」年齢」等の抽出語があるが出現度は低い。

以上のことから，愛知県の中小製造業では，日系ブラジル人労働者を含む外国人の雇用ということについて，人材派遣会社を介した派遣社員としての雇用が多いことがわかる。

図表7-44　Pattern 3　愛知県の中小製造業3社
（最小出現数7＆上位60以上）

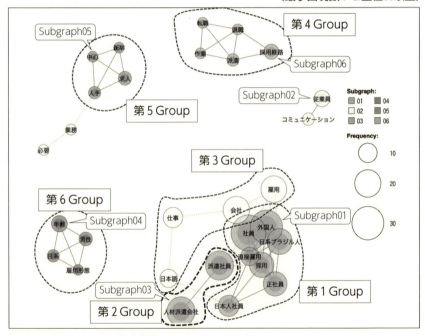

出所：調査結果をもとに筆者作成

7.5　小　括

本章では中小製造業における日系ブラジル人労働者の雇用実態について，中

小製造業の視点で調査をした項目ごとに結果を分析した。

　人手の充足度については，調査をした地域や従業員規模の多少を問わず，充足度が低く人手不足の状況といえる。中でも従業員数の少ない小規模な中小製造業では，中規模な中小製造業や大規模な中小製造業に比べて，日本人社員の採用はさらに困難なことから人手不足は深刻な状況にある。そのような中でも企業規模を問わず，本書が研究目的とした日系ブラジル人労働者を，採用が困難な日本人労働者の代替要員として雇用している中小製造業は多い。

　しかし，小規模な中小製造業の一部には，日系ブラジル人労働者を正社員として直接雇用し，日本人に代わる人材として育成しようとしている企業がある一方で，企業規模の大きな中小製造業ほど，日系ブラジル人労働者を日本人に代わる恒久的な人材としては捉えておらず，業況に応じた人手不足を補完するための一時的な要員としての雇用と考えている企業が多い。そのような中小製造業では，日系ブラジル人労働者と直接雇用関係が存在しない派遣社員という雇用形態での労働力として彼らを雇用している。

　本書では中小製造業に対する調査を，電話による聞き取り調査とインタビュー調査の双方を行った結果，いずれの調査からも上述したような結果が得られた。また，多くの中小製造業の日系ブラジル人労働者雇用において，派遣社員としての雇用が多いということは，日系ブラジル人労働者を採用するために，大規模な中小製造業では「ハローワーク等の公的機関」を利用しているものの，その他の規模の中小製造業では「人材派遣会社」「本人の家族，同国籍の友人・知人」などに採用ルートを求めていることが多く，結果として当然のことながら，日系ブラジル人労働者の求職ルートが人材派遣会社に集中するということとなる。また，日系ブラジル人労働者が再就職，転職をする場合も人材派遣会社に求職ルートを求めている。すなわち，雇用する側の中小製造業と就職先，転職先を求める日系ブラジル人労働者双方の思惑が一致しており，本書が問題意識とする日系ブラジル人労働者の雇用形態が，派遣社員，請負社員という常に解雇や雇い止めの要素を含んだ「間接雇用」を繰り返すことを裏付ける結果となる。つまり，不安定な雇用形態に固定化されることである。

　以上のような結果は，調査を行った3つの県（群馬県，静岡県，愛知県）のいずれにおいても同様の調査結果であったことから，地域による差異は見られ

ず，中小製造業における日系ブラジル人労働者における雇用実態の共通点であるといえる。

■注

1 「現在，日系ブラジル人労働者を雇用していますか，また過去に雇用したことがありますか，今後雇用することを考えていますか。」での回答項目のうち，「現在は雇用していないが，過去には雇用したことがある。今後，雇用を考えている。」及び「現在も過去にも雇用したことはないが，今後は雇用を考えている。」「雇用したことはない。今後も雇用することは考えていない。」の回答項目は，いずれも現在は雇用していないので，これらの回答については，雇用していないということでカウントした。

第8章

日系ブラジル人労働者の就労環境改善に向けて

8.1 リサーチクエスチョンに対する解

8.1.1 リサーチクエスチョン1に対する解

　リサーチクエスチョン1「日系ブラジル人労働者が不安定労働層に固定化されている要因は何か」については，彼らが再就職，転職に際して再就職先や転職先を得る際に，どのようにして再就職先や転職先を探しているのかが，彼らが「間接雇用」である派遣社員，請負社員や非正規社員に固定化されている要因を明らかにする上で重要であった。

(1) 再就職，転職紹介ルートの偏重
　本書におけるアンケート調査（質問紙調査）や電話による聞き取り調査，インタビュー調査の結果からは，日系ブラジル人労働者の再就職，転職のための紹介者・仲介者に視点を当てると，彼らは再就職，転職のための紹介者，仲介者を人材派遣会社，彼ら自身の家族や同国籍者の友人・知人などの身近で容易に就職先等の相談ができる範囲から再就職先，転職先の情報を得て，再就職・転職をしていることが多いという結果が得られた。
　一方で，ハローワーク，就職相談やその他あらゆる面で外国人に対する支援活動をしている国際交流協会（日系ブラジル人に限らず，外国人在住者の多い都市にはほとんど存在している），日本人の友人・知人を紹介者や仲介者にすることは少ないことも明らかになった。

人材派遣会社や業務請負会社を仲介しての再就職・転職ということは，派遣社員や請負社員になることであり，すなわち「間接雇用」という雇用形態での就職，転職である。また，家族や同国籍者の友人・知人を紹介者や仲介者とする場合も，この人たち自身が派遣社員や請負社員または非正規社員であることが多い。したがって，これらの人たちを紹介者や仲介者として再就職先，転職先を求めること自体が，結果として「間接雇用」の雇用形態で働くことにつながる。

　日系ブラジル人に限らず，外国人は彼ら独自のコミュニティーを形成する傾向にあるといわれている。上述したように日系ブラジル人労働者の場合，就職活動をする上では，彼ら自身の家族や同国籍者など，身近なコミュニティーの中だけで就職活動をする傾向にある。また，狭義で捉えれば，人材派遣会社や業務請負会社も彼ら日系ブラジル人労働者が形成する一種のコミュニティーであるともいえる。そのようなコミュニティーの中だけでの就職活動が，結果として「間接雇用」から「間接雇用」，つまり派遣社員や請負社員の状態を繰り返すこととなり，常に解雇や雇い止めなどの可能性を含んだ，不安定な就労層に固定化される要因となっていることが明らかになった。

　すなわち，日系ブラジル人労働者が「間接雇用」という，不安定労働層に固定化され続けている要因は，彼ら日系ブラジル人労働者自身の再就職，転職に際しての行動が要因であるといえる。

(2)　**中小製造業の日系ブラジル人労働者採用ルート**

　次に，中小製造業の視点から，分析結果を見ると，電話による聞き取り調査では，日系ブラジル人労働者を雇用していると7割以上の中小製造業が回答しているが，小規模な中小製造業を除けば，約5割近くが派遣社員，請負社員等での雇用で，正社員で直接雇用している中小製造業は約3割ほどであった。

　中小製造業が日系ブラジル人労働者を雇用する場合の採用ルートについては，第7章でも述べたとおり，正社員として直接雇用している日系ブラジル人労働者は，ハローワークや国際交流協会などの公的な機関を通じての採用が多かったことから，中小製造業は正社員の雇用に限っては，積極的にそれらの機関を利用している。しかし，派遣社員や請負社員など「間接雇用」の場合やパート

社員，アルバイト，期間工，季節工などの非正規社員の場合は，公的機関を利用することはむしろ少なく，人材派遣会社や業務請負会社，採用者の家族，日系ブラジル人労働者の友人・知人などの紹介によって採用していることが多かった。すなわち中小製造業と日系ブラジル人労働者の間には，これらの人たちが介在し，就職にあたっての仲介，紹介をしているということになる。

　人材派遣会社や業務請負会社が介在するということは，人材派遣会社や業務請負会社に雇用されるということであり，結果として日系ブラジル人労働者が派遣社員，請負社員といった「間接雇用」という雇用形態に位置付けられるということになる。また，採用者の家族や日系ブラジル人労働者の友人・知人の紹介によって採用する場合も，これらの人たちが派遣社員や請負社員で働いていることが多く，結果としてこの人たちと同じ立場での雇用形態で働くことになる。すなわち，中小製造業が日系ブラジル人労働者を採用するルートを人材派遣会社や業務請負会社などに求めることが，日系ブラジル人労働者自らが「間接雇用」に固定化される要因の1つとなっていた。

　以上のように，日系ブラジル人労働者の求職ルートと彼らを雇用する中小製造業の採用ルートの双方が，人材派遣会社や業務請負会社，日系ブラジル人労働者自身の家族，同国籍者の友人・知人など，彼らを取り巻く身近な存在に求めていることが，日系ブラジル人労働者が不安定就労層に固定化されている要因であり，リサーチクエスチョン1への解となる（**図表8-1**）。

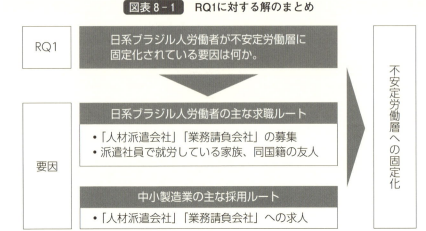

8.1.2 リサーチクエスチョン2に対する解

リサーチクエスチョン2「中小製造業における日系ブラジル人労働者の雇用において、日本人とは異なる雇用意識が存在するか」については、日系ブラジル人労働者を雇用している中小製造業への電話による聞き取り調査及びインタビュー調査の中で、日系ブラジル人労働者の雇用実態や間接雇用を中心とする理由、日系ブラジル人労働者を雇用しない理由などの雇用意識に関する質問についての回答結果から結論を導き出すことができた。

(1) **中小製造業における日系ブラジル人労働者の位置付け**

分析結果から明らかになったことは、中小製造業における日系ブラジル人労働者の雇用は、あくまでも高度人材を対象とした雇用ではなく、単純労働のための人手としての雇用であり、従来からいわれてきた、景気の変動に順応するための「雇用の調整弁」としての有効な手段である。第1章で述べたとおり、基本的には中小製造業が自社で直接雇用する社員とは異なるマージナル (Marginal) な存在であって、まさに日系人という日本人とは異質な人材(存在)であり、そのこと自体が中小製造業にとって、正社員として積極的雇用の

対象にはなり得ない存在である。

　中小製造業は，どのような意識や考え方を持って日系ブラジル人労働者を雇用しているのか，それが日系ブラジル人労働者の雇用形態にどのような影響を与えているのか。分析結果からは，中小製造業が日系ブラジル人労働者を雇用する最大の理由は，日本人社員の採用が困難な中で，単純労働力としての人手不足を補うためであることがわかった。特段の技能やスキルを持たない日系ブラジル人労働者は，中小製造業における単純労働力の確保には適しているし，日系ブラジル人労働者にとっても就労先を容易に得ることができるメリットがある。

　企業は常に業績の良い状態が続くわけではなく，一般的な企業経営においては好不況が繰り返し訪れることとなる。そのような中で，不況時に派遣社員，請負社員として雇用できる（雇用している）日系ブラジル人労働者は，中小製造業にとって仕事の多寡に応じて雇用人数を増減することができる労働力であり，「雇用の調整弁」として願ってもない労働力という意識が，日系ブラジル人労働者を採用する中小製造業側に存在している。すなわち，中小製造業の雇用意識の根底においては，日系ブラジル人労働者の雇用は日本人社員の雇用とは位置付けが異なっているのである。

(2) **日系ブラジル人労働者に対する排他意識**

　このように，業況に応じて都合よく雇用はするが，あくまでも人手としての雇用であり，先行研究レビューでも述べたように，人材として彼らを雇用しているわけではない。本書で調査をした群馬県，静岡県，愛知県の各都市のように，日系ブラジル人労働者が集住している都市では，彼らは日本人労働者のブルーカラーとは違う存在であり，異なる「ブルーカラー層」として，日系ブラジル人そのものに対する「排他意識」が存在している（濱田，2010）。

　製造業が集積する都市では，日本人労働者にも「ブルーカラー層」が多く，それらの日本人労働者のブルーカラー層も中小製造業で就労している場合が多い。言い換えれば，日系ブラジル人労働者の多くを雇用している製造業集積地の中小製造業は，それらの企業の経営者のみならず，日系ブラジル人労働者に対する「排他意識」のある日本人社員の多くで構成されているともいえる。駒

井（1997）は「デカセギ」で来日するようになった外国人労働者を「新来外国人」と表現しているが，まさに日系ブラジル人労働者は，1990年の入管法改正を契機として「デカセギ」で来日するようになった経緯の中で，中小製造業の製造現場で単純労働という底辺の作業を支える，いわば新たな「新来ブルーカラー層」[1]であるとも表現できよう。

　日系ブラジル人労働者を雇用する場合の課題の1つとして，先行研究でも論じられてきた「日本語の習熟度を含めた日本人社員とのコミュニケーション維持」は，「排他意識」のある日本人社員との間に課題として生じることは当然であるといえよう。これらのことを裏付ける本書でのインタビュー調査結果として，正社員で直接雇用し日系ブラジル人労働者が増加することで，「日系ブラジル人労働者ばかりの会社といった受け止め方をされ，それが企業イメージの低下を招く」とする回答は，日本人のブルーカラー層とは異なる日系ブラジル人労働者を中心とした「新来ブルーカラー層」への「排他意識」を代弁するものであろう。

　以上のように，中小製造業とそこで就労している日本人社員の間に，日系ブラジル人労働者だけではなく外国人労働者全般に対して，日本人社員も同じブルーカラー層でありながら，自分たちとは異なる重層的下層構造の底辺を担う存在であるとの意識がある。当然ではあるが，中小製造業は，それらの日本人によって構成されていることからすれば，中小製造業が日系ブラジル人労働者を雇用はするものの，一方で「排他意識」が存在している。そのような中小製造業の雇用意識が彼らを正社員として直接雇用することを躊躇していることが，日系ブラジル人労働者の「間接雇用」という雇用形態での雇用に影響を与えている一要因であるが，中小製造業やそこで就労している日本人労働者がなぜ日系ブラジル人労働者に対して排他意識を持つのか，調査結果を掘り下げて考えてみると，在留資格上の位置付けなどの日系ブラジル人労働者に対する認識が希薄であり，他の外国人労働者と一括りに捉えていることが，その要因であろう。

(3) 日系人雇用のメリット

　日系ブラジル人労働者は，在留資格上「定住者」として日本での在留が認め

られており，就労業種も自由に選択することが可能である。このような在留資格は，他の外国人労働者にはない特徴であり，「日系人」だからこそ与えられている在留資格であることを中小製造業や日本人労働者は認識すべきであり，彼らのそのような特徴を生かした雇用をすべきである。

総務省（2022）によれば，日本の総人口は過去10年間で約260万人減少しているが，人口減少に反して労働人口が増加している。その要因は，女性の社会進出，及び企業の定年延長や再雇用によって高齢者の就労機会が増えたことにあると理解できる。

しかし，このような労働力の補完には限界があり，労働力の確保には，外国人労働者の積極的な受け入れが欠かせない。だからこそ，中小製造業は，日本人と同等の就労機会を提供することが可能である日系ブラジル人労働者の雇用意識の在り方を見直すべきであることを含めてリサーチクエスチョン2に対する解とする（**図表8-2**）。

図表8-2　RQ2に対する解のまとめ

RQ2	中小製造業の雇用意識	
	・日本人社員とは異なるMarginalな存在 ・Nikkeijinという異質な存在	
要因	中小製造業の雇用意識	間接雇用による雇用形態
	・日本人社員とは異なるMarginalな存在 ・積極的雇用の対象になり得ない存在	
	中小製造業の雇用実態	
	・景況（生産調整）に応じた「雇用の調整弁」 ・「排他意識」の存在	

出所：筆者作成

8.2 本書の成果

　本書では，群馬県，静岡県，愛知県といった日系ブラジル人労働者が集住している地域において，日系ブラジル人労働者及び彼らを雇用している中小製造業，人材派遣会社，ハローワーク，国際交流協会などの公的機関に視点を当てて調査を行った。日系ブラジル人労働者に対してはアンケート調査（質問紙調査）及びインタビュー調査を行い，中小製造業に対しては電話による聞き取り調査及びインタビュー調査，また人材派遣会社，ハローワーク，国際交流協会などの公的機関に対してはインタビュー調査を行った。

　日系ブラジル人労働者に対して行ったアンケート調査では，第6章で示したように，調査対象者の就労業種，雇用形態，勤続年数，再就職または転職に際しての求職ルート，現在の雇用形態に対する満足度，現在の就労先におけるその他の満足度などについて回答を求めた。また，インタビュー調査では，半構造化面接法により，主に来日の動機，現在の職業の紹介ルート，雇用形態，仕事に対する満足度などを中心にインタビューを行った。

　中小製造業に対する電話による聞き取り調査では，現在の人手の充足度，日系ブラジル人労働者の雇用状況，日系ブラジル人労働者を雇用している場合におけるその雇用の理由，主な雇用形態について，日系ブラジル人労働者を正社員として直接雇用することについての考え方，日系ブラジル人労働者を派遣社員・請負社員などで間接雇用をする理由，雇用形態の違いによって日系ブラジル人労働者の労働意識（労働意欲）に差異はあるのか，日系ブラジル人労働者を採用する場合の求人ルート，その他日系ブラジル人労働者を雇用しない場合におけるその理由などについて回答を求めた。

　人材派遣会社に対する調査では，提携している派遣先企業の状況，社員の募集方法や実態，人材派遣業界の課題について，ハローワーク，国際交流協会に対する調査では，日系ブラジル人からの就職相談の現状，企業からの外国人の求人に関する相談，日系ブラジル人労働者の雇用形態に関する考え方などについて回答を求めた。

8.2.1 再就職,転職ルートの偏重が及ぼす間接雇用への固定化

　日系ブラジル人労働者への調査から得られた知見をまとめると,先行研究でも明らかにされているように,派遣社員や請負社員といった「間接雇用」での雇用形態での就労,パート社員,期間工,季節工などの非正規雇用で就労している者が多く,また,彼らは再就職,転職をする場合に,「ハローワーク」や「国際交流協会」などでの就職相談窓口を積極的に利用することなく,人材派遣会社の募集広告,家族や同国籍者の友人・知人などの紹介ルートによって,就職の機会を得ていることが多かった。しかも,再就職,転職をするたびにこのような求職ルートでの就職を繰り返しており,それが,彼らが「間接雇用」といった不安定な雇用形態に固定化される要因となっていることが判明した。

8.2.2 日本人の採用時と異なる中小製造業の 日系ブラジル人労働者への雇用意識

　一方で,分析結果から得られた中小製造業の日系ブラジル人労働者雇用についての知見をまとめると,中小製造業は人手不足の状況にあり,日本人社員の採用が若手人材を中心に困難であることから,企業規模を問わず日系ブラジル人労働者を雇用しているが,企業規模が大きな中小製造業ほど雇用人数は多いものの,雇用形態では派遣社員が多く,自社と直接雇用契約の存在しない「間接雇用」が主流であった。「間接雇用」が多い理由としては,先行研究で明らかにされている「低賃金で雇用できる」「景気変動に応じた雇用調整が容易」などに加えて,中小製造業の日系ブラジル人労働者に対する「排他意識」があることがわかった。

　日系ブラジル人労働者に限らず,外国人雇用という視点では,第7章の調査結果でも示したように,日系ブラジル人労働者雇用について「企業イメージの低下」を指摘する中小製造業の回答結果から,日本人社員同様に正社員として雇用することは,中小製造業には馴染まないという雇用意識が潜在的にあり,日本人社員を補完するための代替要員としての日系ブラジル人労働者雇用と考えられている。このような雇用形態での雇用を実現するために,人材派遣会社や業務請負会社を積極的に活用し,それを介して派遣社員や請負社員を確保し

ている（図表 8 - 3 ）。

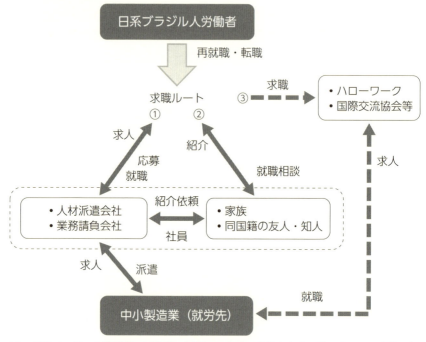

図表 8 - 3 中小製造業及び日系ブラジル人労働者の求人・求職ルート

※ 日系ブラジル人労働者の再就職，転職ルートは，①②が多く，③は少ない。実線の矢印は求職，求人の利用度が高く，破線の矢印は利用度の低いケースを示す。
出所：筆者作成

8.2.3 人材派遣会社が日系ブラジル人労働者の間接雇用に及ぼす影響

　人材派遣会社への調査結果から，人材派遣会社が日系ブラジル人労働者を派遣している派遣先には，一時下請けなど比較的企業規模の大きな企業が多く，それらの企業では年齢の若い派遣社員及び男性の派遣社員を希望するケースが多いことがわかった。日系 2 世や 3 世は高年齢化しつつあることから，今後は派遣社員でも雇用されない可能性があり，定年まで就労可能な正社員としての雇用環境が望まれることが判明したことは，本書の成果である。

8.2.4　公的機関の低活用と間接雇用の関係

　また，ハローワーク，国際交流協会への調査では，日系ブラジル人労働者からの就職に関する相談は少なく，それが日系ブラジル人労働者が「間接雇用」に固定化され続けている一要因であることがわかったことも本書の成果といえる。

8.3　学術的貢献

　本書では，日系ブラジル人労働者が派遣社員，請負社員といった「間接雇用」やパート社員，季節工，期間工などの不安定な雇用形態で就労をしている中で，なぜ彼らはそのような雇用形態に固定化され続けているのかとの問題意識の下，日系ブラジル人労働者が集住する3地域の日系ブラジル人労働者と彼らを雇用する中小製造業及び人材派遣会社，ハローワーク，国際交流協会に焦点を当てて調査分析及び考察を行った。

　先行研究で得られた知見と限界に基づき，日系ブラジル人労働者の多くが「間接雇用」で就労していることについてどのような思いがあるのか。また，日系ブラジル人労働者を雇用する中小製造業は，どのような雇用意識で彼らを雇用しているのかについて，日系ブラジル人労働者に対するアンケート調査では225人から回答を得た。また，9人の日系ブラジル人労働者に対してインタビュー調査を行った。その結果，彼らは製造業での就労が多く，雇用形態は派遣社員，請負社員といった「間接雇用」で就労する者が多く，しかも再就職や転職のたびに人材派遣会社や業務請負会社で働くことを繰り返しており，同一就労先での勤務年数が短いことが判明した。

　なぜ彼らは再就職や転職をするたびに「間接雇用」での働き方を繰り返すのかについては，彼ら自らが再就職や転職する際の求職ルートを人材派遣会社の募集広告や家族，同国籍者の友人などに求めているためである。先行研究では，彼らが「間接雇用」という就労環境に置かれている要因は，彼らを雇用する企業側の都合であるとの論考が多かったが，日系ブラジル人労働者側にも要因があることを明らかにできたことは学術的貢献の1つである。

　中小製造業はなぜ日系ブラジル人労働者を間接雇用するのかについては，中

小製造業の視点での先行研究における従来の論考は,「安価な労働力として雇用することができる」「雇用の調整弁」として必要な時に必要な人数を確保し,不要な場合は解雇や雇い止めが容易にできるという主張であった。本書での調査では,必ずしもそのような理由だけではなく,日系ブラジル人労働者を含めた外国人労働者に対する「排他的雇用意識」が存在し,継続的な雇用となる正社員として,直接雇用することを避けようとする雇用意識が存在することを明らかにすることができたことも学術的貢献の1つである。

また,これまでは,人材派遣会社に対する調査結果に基づいた先行研究は少なく,ハローワーク,国際交流協会を調査対象とした先行研究も僅少であることから,これらを対象とした調査を行った結果,日系ブラジル人労働者との関連が明らかにできたことも学術的貢献であろう。

8.4 実務的貢献

不安定就労層に固定化され続けている日系ブラジル人労働者が「間接雇用」から脱して正社員で働くことを可能にするためには,日系ブラジル人労働者自らが当面の賃金や待遇にとらわれず,長期的な視点に立った働き方を選択する意識を持つことが必要である。彼らの日本における在留意識は,日本生まれの日本育ちの子どもを持つ家庭が増えることによって,帰国することが前提であった「デカセギ」を目的に来日した当時から変化してきている。第2章で述べたとおり日本での生活は「定住」から「永住」へと変化し,「永住者・特別永住者」が113,521人と全在留者の54.8%に達し,日本に帰化する者も多い[2]。このように日本における在留形態などが変化している中でも,彼ら自身が再就職や転職にあたって容易に就職先を得ることができる求職ルートを優先して選択していることを明らかにできたことは,今後,彼らの求職ルートの選択肢を変えることで,「間接雇用」といった不安定就労層に固定化された働き方から脱することができる可能性があることを示すことができたことは実務的貢献である。

彼らを雇用する中小製造業は,第7章で述べたとおり,企業規模にかかわらず人手不足が深刻であり,日本人の若手人材の採用が困難な状況である。中でも小規模な中小製造業ほど人手不足が深刻であることが調査の結果,明らかになった。そのような中で,小規模な中小製造業では,日系ブラジル人労働者を

正社員として直接雇用して育成しようとしているが，中小製造業の中でも企業規模が大きな中小製造業ほど日系ブラジル人労働者の雇用は，派遣社員や請負社員といった「間接雇用」が多い傾向にある。なぜ中小製造業は「間接雇用」をするのかについては，**8.2**で述べたとおりである。

今後の日系ブラジル人労働者の雇用において，一部の小規模な中小製造業に見られるように，彼らの雇用形態を「間接雇用」から直接雇用の「正社員」で雇用することで，中小製造業の人手不足解消の一助にもなり得るし，中小製造業が抱える高度熟練技能の継承者[3]の確保にも貢献できる。

8.5 政策提言

日本における合法的な単純労働力としての外国人労働者の受け入れ政策は，1990年の入管法改正によって創設された，日系人とその配偶者等を対象とした「身分に基づく在留資格」と，国際貢献を建前として1993年に創設された「技能実習制度」の2つである。

ILO（国際労働機関）等から人権侵害の温床と批判されてきた「技能実習制度」に代わり2019年に創設された「特定技能制度」は，従来から頑なに単純労働力としての外国人労働者の受け入れを拒み続けてきた出入国管理政策から転換したものであり，労働者の確保を目的とした新たな制度である。

近年では，単純労働力として来日する外国人労働者にとって，賃金や円安といった為替の問題もあり，必ずしも日本で働くことで，母国では得ることができない高収入を稼げるとはいえない時代になっている。そのようなことから，韓国や台湾など近隣諸国との外国人労働者獲得競争も生じている。少子化による労働人口の減少という共通した課題を抱える韓国，台湾の外国人労働者受け入れ政策はどのようなものか，また日本の制度との相違点は何かを述べるとともに，本書での調査結果から得られた発見事実をもとに，以下の政策を提言する。

8.5.1 近隣諸国の外国人労働者受け入れ政策

(1) 韓国の外国人労働者受け入れ政策

韓国は，1993年に日本の技能実習制度をモデルにして「産業研修生制度」を

設けたものの，自国労働者の権利保護が問題となり，2004年に「雇用許可制」に制度変更した（早川，2022）。この制度の特徴は，政府の管理下で年間の受け入れ人数を決定するとともに，送り出し国（ベトナム，タイなど）と政府間協定を締結し，悪質なブローカーを排除しようとしたことである。

　韓国の「雇用許可制」は，国際移住機構（IMO）から「先進的な移住管理システム」として国際的な評価もある一方で，ILO（国際労働機関）などの人権団体からの批判にもさらされている。外国人労働者と雇用主となる企業，あるいは外国人居住者と自国民など，すべての関係者が納得し満足できる制度を作ることは非常に困難である。また，制度を構築した後にも，継続的な議論と必要に応じた見直しが不可欠である。

　そうした状況下，韓国政府は関連する省庁における横断的な取り組みを推進するとともに，試行錯誤しながらも制度の継続的な見直しと改善に取り組んでいる。例えば，従来の「雇用許可制」での在留期間が4年10か月であり，期間満了後の不法滞在者の続出を招いたことから，いったん帰国した後に改めて4年10か月在留可能とした。現在は最長9年8か月在留でき，長期間にわたって就労が可能な制度となっている。また，2018年には，年収，保有資産，韓国語能力，納税の有無などを考慮し，永住を視野に入れた「熟練技能ビザ」制度を設けるなど，日本に先んじて新たな受け入れ政策を設けている。

　日本と韓国の外国人労働者受け入れ政策の共通点は，少子化，高学歴化によって労働集約型企業の職場を若年層が敬遠することで，単純労働力の確保が困難な中小企業を中心に，不熟練工の外国人労働者の受け入れ（門戸開放）が進められていることである（春木・吉田，2022）。制度を具体的に見ると，韓国の「雇用許可制」においても，異業種への転職の制限があり，家族の帯同は認められておらず，これらのことからも日韓の制度は，あくまでも移民政策（immigration policy）ではなく，循環型政策（rotation policy）であり，「一時的な滞在」を前提としたものである。

　一方で，韓国では，「熟練技能ビザ」を取得すれば，家族の帯同も可能であり，これまでの循環型政策を修正し，事実上の移民受け入れとも解釈できることから，今後は外国人労働者の定住化が進む可能性がある。国民からの一定の反発はあるものの，尹錫悦政権は「出入国・移民庁」創設を示唆し，事実上の

移民受け入れに舵を切っている。

(2) 台湾の外国人労働者受け入れ政策

　台湾の外国人労働者受け入れ政策は，年代別に3段階で捉えることができる。

　第1段階は，1980年～1992年で「外国人労働者受け入れ政策の形成期」である。この時期は，1984年からの「14項目の労働力インフラ整備」を達成するための労働力不足を解消することを目的に，1990年に「14項目のインフラ整備に係る雇用措置」（中国語：14項重要建設工程人力需求応措置方案）を創設し，初めて非熟練外国人労働者を受け入れた。これを契機に，台湾政府は外国人労働者の受け入れについて正式な方針を定めた。

　具体的には，シンガポールの制度を参考にして，労働力の補充をする方針を定め，1992年に「就業服務法」を制定した。その内容は，「一時的・補完的」労働力として台湾の労働市場で雇用することによって，労働力不足問題を解消し，台湾の経済を成長させることを目的とすると記載されており，労働力不足を解消するために一時的・補完的になされるものであった。しかし，この時期は台湾人労働者の外国人労働者受け入れについては反対論が強く，社会問題化するほどであった。以降，外国人労働者に対するいくつかの制限を設けて，国内世論の鎮静化を図った。

　第2段階は，1992年～2000年で「外国人労働者政策の逐次解放段階」である。この時期の台湾は，高度経済成長の影響で国内投資，公共工事が拡大したため，単純労働力の不足が一層深刻化した。これに加えて，1984年7月に台湾では初めて「労働基準法」が制定されたが，不当雇用，残業，賃金などの問題を解決できない製造業や建設業が多く，これらの労働集約型企業では人手不足が顕著化し，それを補う形での外国人労働者の受け入れが進展した。

　外国人労働者の受け入れは，労働力を補完して台湾経済を支えた一方，低賃金で雇用された外国人労働者が台湾人の就業機会を奪うという批判もあり，台湾政府は，自国労働者の雇用に影響がないことなどを前提に，外国人労働者受け入れをすることとした。

　第3段階は，2000年～現在で「外国人労働者政策の調整段階」である。外国人労働者の受け入れは前段階のように，台湾人労働者の雇用への影響はなく，

代替関係ではなく補完関係という原則下で行われた。しかし，1997年のアジア通貨危機以降，台湾人の失業率は高くなっていたが，外国人労働者は増加の一途を辿っていた。そして，2000年以降も国内失業率が高かったことから，雇用条件が厳しくなり，1年間で約15,000人の外国人労働者が削減されることとなった。その後，家事・介護職を中心に需要が高まったこともあり，ベトナムやモンゴルからの外国人労働者が増加している（江，2015）。

台湾企業における外国人労働者の雇用理由は，想定した労働力の供給が可能，人件費の削減，退職金の6％の支給控除，低賃金での雇用，いわゆる3K業種の労働力補完などであり，日本が長年にわたって行ってきた技能実習生に対する雇用の実態と変わりのないもので，企業においても，雇用の調整弁，低賃金での雇用といった意識が強く，日本の外国人労働者政策の参考，指標になるものではない。

(3) 外国人労働者としての日系人

前述したように，近隣諸外国における外国人労働者は，日本でいうところの技能実習生に該当するような存在である。日本では単純労働力（非熟練労働者）としての外国人労働者の受け入れは行われてこなかった。

特定技能制度の創設など新たな受け入れ政策によっては，受け入れ可能となるものの，制度上，これまでには存在しなかった。

このようなことからすると，本書が研究対象とする日系ブラジル人労働者は，他の国にはない外国人労働者として特別な存在であるといえる。一方で，日系人はいずれの国においても存在するが，日本以外の国に在留する日系人労働者は，単なる外国人労働者であって特別な存在ではない。

1990年の入管法改正の動機にかかわらず，日本に在住する日系人の位置付けは，在留資格上，定住者（永住資格を取得した場合は永住者）であり，技能実習生には一定の在留期間が設けられているが，日系人の場合は，在留資格の更新によって継続して日本での在留が認められ，就労業種の選択についても本人の意思を妨げる制度上の決まりは存在しない。特段の違反行為がない限り，日本人労働者と同等の立場，就労環境で働き，日本で自由に働き暮らすことができるのである。

第2章で述べたように，彼らは日本から中南米諸国やハワイなどへ移民をした日本人を祖先に持つものであり，いわば日本人とは血縁関係にあることからしても，日本の労働市場の中で，道義的にも制度的にも日本人労働者と同等の就労環境に置かれるべきである。しかし，本書の調査結果などをもとに論じてきたように，現実に彼らが日本人労働者と同等の就労環境に置かれているとは言い難い。

8.5.2　日系ブラジル人労働者の就職紹介先ルート選択に関する政策提言

本書では，入管法改正以来，30年以上が経過した今日でも，日系ブラジル人労働者の雇用形態に大きな変化は見られず，派遣社員，請負社員，非正規社員といった不安定な雇用形態での就労環境に固定化されていることを問題意識としてきた。日系ブラジル人労働者及び彼らを雇用している中小製造業へのアンケート調査やインタビュー調査の結果を踏まえ，固定化された不安定な雇用形態での就労環境から脱するための方策として，以下の政策を提言をする。

(1)　就職紹介先ルート選択に関する意識改革

日系ブラジル人労働者が派遣社員，請負社員，非正規社員などの不安定就労層に固定化され続けている要因の1つと推察される，これまでの再就職先，転職先を得るための紹介ルートの求め方が，彼ら自身にとって有益なものであったのだろうか。いまだに「間接雇用」という不安定な雇用環境に置かれ続けている実態を見ると，決して正しい選択であったとはいえない。むしろ誤った選択ではなかっただろうか。

分析結果から明らかになったことは，彼らの日本での生活意識が着実に「永住」へと変化している中で，「派遣切り」「雇い止め」「解雇」などの不安定要素のある就労環境，すなわち派遣社員や請負社員といった「間接雇用」という雇用形態から抜け出したいという意識はあるものの，彼らは再就職先を求めるルートを自ら「間接雇用」を繰り返す結果となるルートを容易に選択してきたのである。

固定化された不安定な就労環境から脱し，正社員などの安定した雇用形態で

の就労環境を構築するためには，転職・再就職の道を選択するにあたって，彼ら日系ブラジル人労働者自身の意識改革が必要であろう。

(2) 就職紹介先ルート選択の是正

　日系ブラジル人労働者は，これまで再就職先，転職先の紹介ルートを人材派遣会社に求めてきたことが多かったことに加えて，現に人材派遣会社で働いている彼ら自身の家族やブラジル出身の同国籍者など，彼らが構成するコミュニティーの中だけに就職先・転職先の紹介を求めてきた。日系ブラジル人労働者の場合，雇用する中小製造業側からすれば，重層的下層下請構造の底辺を担う縁辺労働力として，しかも彼らとの間には直接雇用契約が存在しない形態での雇用が可能であり，また，日本人が好まない底辺の労働力を補うことができるというメリットがあった。したがって，中小製造業とすれば日系ブラジル人労働者については派遣社員，請負社員，非正規社員という雇用形態での雇用を優先し，そのような雇用形態でのメリットを求めてきた。今後においても厳しい人手不足の状況の中，これまでのような雇用形態が継続されるものと推察される。

　そのようなことから，中小製造業は彼ら日系ブラジル人労働者を派遣社員・請負社員として容易に間接雇用することとなっており，それが日系ブラジル人労働者が不安定な就労環境に固定化され続けている要因の1つでもある。

　そこで，不安定な雇用形態から抜け出す方策として，再就職先，転職先のための紹介ルートを人材派遣会社や彼ら自身の家族，同国籍者などに偏重せず，ハローワークや外国人を支援する団体（国際交流協会など）に求めるべきであり，そのようにすることで「間接雇用」という不安定な雇用形態から抜け出すことが可能であることを政策提言する。

8.5.3　中小製造業の日系ブラジル人労働者雇用への政策提言

　日系ブラジル人労働者を雇用する側の中小製造業からすれば，人材派遣会社を通じて彼らを雇用することで，直接には「雇用契約」が存在しない派遣社員，請負社員であれば，景況に応じて雇用人数の調整が可能になる。すなわち，企業の好不況の「調整弁」として，いつでも調整可能な労働力として活用できる

ことは，雇用する側にとって大きなメリットがある。

中小製造業にとって，今後も日系ブラジル人労働者の「間接雇用」を継続することで，従来のようなメリットはあるのだろうか。本書の調査では，多くの中小製造業が人手不足であると回答している。中小製造業に限らず，日本の労働力人口は総務省（2023）によれば，15歳～64歳の人口を示す「生産年齢人口」は，過去10年間で1,000万人以上減少している。また，総務省統計局（2021）によれば，日本の人口は過去10年間で200万人以上も減少しており，今後もこの傾向は続くものと推計されている。

過去10年間の労働生産人口を見ると，「生産年齢人口」や総人口の減少に反して，約250万人増加している。これは女性の社会進出，定年延長や再雇用による高齢者の働き方の変化によって増加したものと考えられ，労働力確保という面では好ましい現象である。

しかし，このような現象が恒久的に続くわけはなく，女性や高齢者の労働参加にも限界があり，生産年齢人口が減少すれば労働力人口は確実に減少する。1947年から1949年に生まれた団塊の世代[4]が65歳となることで，団塊の世代が60歳に到達し始めた2007年以降，大量の退職者が発生し深刻な人手不足を招くとして，労働市場における「2007年問題」が注目された。その後，定年年齢の繰り下げ，勤務期間の延長，再雇用制度の導入などによって切り抜け，人手不足は当初の予想を下回ることができた。その結果，「2007年問題」は「2012年問題」へと先延ばしされた。今度は団塊の世代が後期高齢者となることで，介護や社会保障の問題などの「2024年問題」が課題となっている。

確かに高齢者の継続雇用などが進んだことで，労働力の減少率を低下させることは可能であり，また労働力人口の減少幅を下げることもできる。しかし，日本の総人口が減少し続ける限り，これは一時的，限定的なことであって恒久的なことではない。

中小製造業が人手不足であることは，多くの先行研究でも論じられている（竹内，2017：中村，2020：佐藤，2021など）。中小製造業の中でも企業規模が小さければ小さいほど人手不足は深刻であり，新卒者を中心に日本人の採用は困難であることが，本書における調査結果からも明らかになっている。

以上のような背景を踏まえ，中小製造業の日系ブラジル人労働者の雇用に関

して，以下のように政策提言する。

(1) 正社員として直接雇用

　少子高齢化が進展する中で，人手不足を補う方法は，資金力に余裕のある規模の大きな中小製造業では，機械化，DX化などで一定の労働力不足は補うことが可能である。しかし，経営基盤が脆弱な場合が多い中小製造業では，すべての企業が機械化，DX化を推進することは困難である。

　また，機械化，DX化だけでは解決できない高度熟練技能の継承も，製造業にとっては重要な課題である。そこで，人手不足が深刻な中小製造業は，従来から継続してきた日系ブラジル人労働者の雇用の在り方を改め，企業経営に求められている人材の多様性（Diversity management）の経営を実践するためにも，日系ブラジル人労働者を正社員として直接雇用すべきことを政策提言する。それは，単に労働力の充足ということだけに留まらず，中小製造業の企業経営全般において重要であり実践すべきことである。

(2) 賃金など待遇面の見直し

　厚生労働省（2023）「賃金構造基本統計調査」によれば，年齢階級を全年齢で見ると，日本人の正社員・正職員の賃金は月額32.8万円（男女計），派遣社員等の非正規社員の賃金は月額22.1万円である。外国人労働者は月額24.8万円であり，日本人の非正規社員の賃金を若干上回っているものの，派遣社員や請負社員，非正規社員が多い日系ブラジル人労働者の賃金も正社員・正職員の賃金に比べれば低い。

　日系ブラジル人労働者自らが派遣社員，請負社員などの「間接雇用」を選択する要因として，転職・再就職が容易にできることに加えて，正社員になると，手取りの賃金が減少するから「間接雇用」を選択しているとの指摘もある。このように日系ブラジル人労働者の意識として，当面の手取り額を重視する傾向がある。日系ブラジル人労働者の雇用形態を「正社員」とするためには，日系ブラジル人労働者自らがそのような意識を改めるべきであるが，雇用する側の中小製造業は，日系ブラジル人労働者を雇用するにあたって，正社員で直接雇用することに加えて，賃金などの待遇面での改善を行うべきことを政策提言す

る。

(3) 排外意識の改革

中小製造業が日系ブラジル人労働者を「間接雇用」する理由の1つとして，第7章「7.2.10 中小製造業が日系ブラジル人労働者を雇用しない理由」で述べたとおり，日系ブラジル人労働者の雇用について，「企業イメージが低下するから」との回答が，中規模の中小製造業では29.4％，大規模の中小製造業では20.0％も見られた。

前述したように，人手不足は機械化やIT化だけで解決するものではなく，人材の育成と並行して行われるべきものである。したがって，中小製造業が抱いている日系ブラジル人労働者に対する排外意識を排除し，積極的な雇用促進をして人材の育成を図ることを政策提言する。

8.5.4 行政機関等への政策提言

地方自治体が多文化共生施策の1つとして，外国人労働者の就労対策に力を入れることを政策提言する。これまで南米系日系人が集住する都市を中心として，地方自治体やその地域の国際交流協会が参加する「外国人集住都市会議」(International Conference on the Foreign Residences in Japanese Cities)[5]を2001年に静岡県浜松市の呼びかけで発足させて，南米系日系人を含む外国人が多く住む地方自治体が抱える共通問題（外国人の集住に伴う問題など）について，国内外の研究者や専門家を招き，議論する国際会議の場（集住問題）を設け，外国人集住に関する問題や将来的な方向性を模索，そして政府に対する法や制度改正の要望などを行ってきた。

しかし，1993年の「技能実習制度」の創設などによって，日本に長期滞在する外国人やアジアを中心とした「技能実習生」などが増加し，来日目的や在留資格などが多様化してきた。当初は南米系日系人を念頭に置いた施策に取り組んできた「外国人集住都市会議」では，多様化した外国人在留者に対応することが困難になってきたこともあり，この会議の加盟都市数は，ピーク時の29都市から2022年には13都市へと減少している（日本経済新聞，2018年5月8日）。

また，政府は2018年7月24日「外国人材の受け入れ・共生に関する関係閣僚

会議」において決定した「外国人の受け入れ・共生のための総合的対応策（検討の方向性）」において外国人との共生社会の実現に向けた環境整備が必要であるとの方針を示している。その概要は、近年、日本に在留する外国人は増加し、それに伴い国内で働く外国人労働者が急増している中で、中小企業等の人手不足の深刻化を踏まえ、一定の専門性・技能を有し、即戦力となる外国人材に関し、就労を目的とする新たな在留資格を創設するとし、外国人材の円滑な受け入れの促進に向けた取り組みを行うとともに、外国人との共生社会の実現に向けた環境整備が必要として、具体的な推進細目を掲げている（図表8-4）。

図表8-4　「外国人材の受け入れ・共生のための総合的対応策（検討の方向性）」概要

推進項目	推進細目
1　多文化共生の実現に関して	・国民及び外国人の声を聞く仕組み ・啓発活動等の実施
2　生活者としての外国人支援	・円滑なコミュニケーションの実現 ・暮らしやすい地域社会づくり
3　労働環境の改善	・適正な労働条件の改善など ・ハローワークによる雇用管理のための指導など ・多言語の相談体制，職業訓練など（雇用の安定）
4　外国人材の受け入れ促進	・新たな外国人材の受け入れ促進 ・海外における日本語教育の促進
5　新たな在留管理体制の構築	・在留資格手続きの円滑化・迅速化 ・在留管理基盤の強化 ・不法滞在者等への対策強化

出所：厚生労働省（2022）をもとに筆者作成

　内容は5つの項目に大別されているが、具体的な推進項目の中で、労働環境の改善という項目は示されているものの、推進細目では労働条件の改善や雇用の安定という表現に留まっており、労働条件の改善や雇用の安定のために具体

的にどのような施策がなされるのかは不透明である。

　この「外国人の受け入れ・共生のための総合的対応策（検討の方向性）」は，日本で就労するすべての外国人，これから受け入れる外国人を対象とした施策である。

　日本にとって，近隣諸外国における外国人労働者の受け入れ政策が必ずしも適しているとはいえない。しかし，前述したように韓国の外国人受け入れ制度である「産業研修生制度」は，当初，日本の「技能実習制度」をモデルにしたものであるが，2004年には「雇用許可制」という柔軟な制度に進展させるなどしている。日本の場合は，多少の改正は見られるものの，1993年に創設した「技能実習制度」を大きく見直したのは，2019年の「特定技能制度」創設であり，実に30年が経過してからである。この間，ILO（国際労働機関）をはじめとして国際社会から「技能実習制度」に関する批判をされ続けた。今後は，現状に即した外国人受け入れ政策を迅速に取り入れるなど，国をはじめとする行政機関等の果たすべき役割は大きい。

　本書が研究対象とする日系ブラジル人労働者の就労環境においては，彼らが特段の技術やスキルを持たないことが多いこともあり，派遣社員や請負社員といった雇用形態で働いていることが多い。このような実態を踏まえるならば，今後の外国人材の受け入れを円滑にするための施策も必要ではあるが，日系ブラジル人労働者のように日本に数十年にわたって在留し，中小製造業における労働現場の一部を支えてきた彼らの雇用形態を派遣社員，請負社員といった「間接雇用」から直接雇用の正社員に移行していくためには，どのような施策があるのか，韓国の「雇用許可制」など，近隣諸国の制度も積極的に取り入れながら，日系ブラジル人労働者の就労者が業種として最も多い中小製造業と一体で考えるべきであることを提言する。

　そして，多文化共生社会の実現のためにも日系ブラジル人労働者の安定した就労環境づくりを目指して，行政主導で推進できる施策の構築が急務であろう。

　経済財政諮問会議によれば，多文化共生とは「国籍や民族などの異なる人々が，互いの文化的な違いを認め，対等な関係を築こうとしながら，共に生きていくこと」としている。

　総務省（2021）の多文化共生事例集では，多文化共生施策としてコミュニ

ケーション支援事例（17事例），生活支援事例（53事例），意識啓発と社会参画支援事例（12事例），地域活性化の推進やグローバル化への対応事例（9事例）を示し，地方公共団体における多文化共生施策の促進を推進することが必要であるとしている。この総務省の推進事例でも就労環境改善のための事例は示されていない。

近年，地方自治体では，2016年から日本語研修，ビジネスマナー研修を修了した定住外国人と企業をマッチングする「定住外国人等就労支援事業」を行い，試用期間を経た後，正社員として正規雇用等による就労環境の安定化を支援する目的として，日系ブラジル人労働者等の定住外国人を採用しようとする企業に，最大3か月分の最低賃金を補助するなどの事業をNPO法人が受託して行っている事例（例えば，豊橋市）もあるが，このような地方自治体による具体的な施策は少ないのが現状である。

以上のような背景の下，行政機関等における施策について，以下のように政策提言する。

(1) 近隣諸国の外国人受け入れ政策を参考にした制度の導入

本章「8.5.1 (1) 韓国の外国人労働者受け入れ政策」で述べたとおり，韓国では柔軟性をもって「雇用許可制」を逐次改正している。この制度そのものが日本の外国人労働者の受け入れ政策として，必ずしも適しているものではない。しかも，本書が研究対象としている日系ブラジル人労働者については，在留資格上，就労制限が課されていないなど，日系であるがゆえに認められていることも多い。しかし，これは原則として，日系3世とその配偶者などに限られていることである。

日本に在留している日系ブラジル人労働者は，日系2世や3世が大半であり，労働力としては高齢化しつつある。今後，労働力として求められるのは日系4世であるが，彼らの在留資格は，2世，3世とは異なり，在留年数が最長5年である。韓国の「雇用許可制」では，最長9年8か月まで在留可能となっている。

元来，「雇用許可制」は日本の「技能実習制度」をモデルにしたものであるが，今日では日本の外国人労働者受け入れ制度よりも先進的かつ柔軟性のある

制度となっている。以上のようなことから、日系ブラジル人労働者の4世について、2世、3世と同様にするように見直すことを政策提言する。

(2) 企業と連携した正社員雇用の推進

中小製造業における日系ブラジル人労働者の正社員雇用を促進するためには、前述した日系ブラジル人労働者や中小製造業への政策提言のみならず、行政機関などが主導して、正社員雇用の促進を図るべきである。

本章の**図表8-6**に示したように、政府は「外国人材の受け入れ・共生のための総合的対応策」を策定しているが、推進項目のすべてにおいて、労働条件の改善という推進細目は明記されているものの、正社員雇用を推進する内容は掲げられていない。推進項目のすべては、外国人労働者（人材）にとって重要な政策ではあるが、労働条件の改善に加えて、企業が正社員雇用を促進する政策を盛り込むことを政策提言する。

(3) 三位一体の政策構築と多文化共生

日系ブラジル人労働者が「間接雇用」「不安定労働層」という労働階層に固定化されていることは、日本の労働市場において、決して日本人労働者と対等な関係とはいえない。日系ブラジル人労働者が日本社会で日本人とともに多文化共生を実現していくためには、安定した就労環境の下でなければならない。よって、地方公共団体や政府は日系ブラジル人労働者の雇用形態が「間接雇用」に偏重せず、安定した就労環境で働くことができる施策を構築すべきである。

そのためには、行政機関等、日系ブラジル人労働者を雇用する中小製造業、そして日系ブラジル人労働者自身が三位一体となって、安定した就労環境の実現を目指す取り組みをすべきであることを政策提言する。

8.6　政策提言のまとめ

日系ブラジル人労働者は、間接雇用といった不安定な就労環境に固定化されている。彼らが直接雇用の正社員として働くことができる就労環境をどうすれば構築できるのかは、日系ブラジル人労働者のみならず、外国人労働者が増加

している今日，重要な課題でもある。国をはじめとする行政機関等は，それを実現するためにはどのような施策があるのかを韓国の外国人受け入れ政策の「雇用許可制」に見られるような柔軟性のある制度の検討などを国や自治体が中心となって行うことにより熟考し，日本の労働力不足をしっかりと補うことができる受け入れ政策の構築に取り組むべきである。

また，本書が研究対象とした日系ブラジル人労働者の雇用形態の改善についても，日系ブラジル人労働者，雇用の主体である中小製造業，政策構築上重要な行政機関といったそれぞれの立場で，一体感を持った取り組みが必要であろう。そのためには，行政機関等による，日系ブラジル人労働者のみならず外国人労働者が安心して就労が可能となる法整備の構築が望まれる。そして，中小製造業は，従来のように「雇用の調整弁」としての雇用や「排他的雇用意識」を改め，自社が責任をもって彼らを直接雇用して育てる意識が必要である。

また，日系ブラジル人労働者自身は，従来のように「デカセギ」感覚で安易に間接雇用を選択することを改めなければ不安定就労層から脱することはできない。日本に永住しようとする日系ブラジル人労働者が増加している今日だか

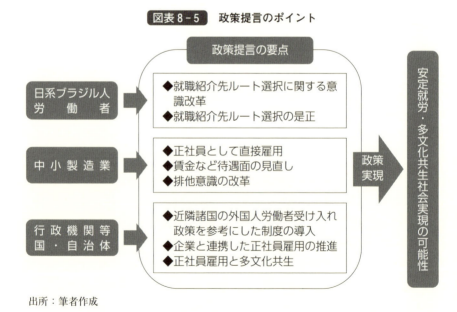

図表8-5　政策提言のポイント

出所：筆者作成

らこそ，日系ブラジル人労働者の安定就労への道が開けることは，間接的ではあるが多文化共生社会の実現にも結び付くものと考える（**図表8-5**）。

8.7 本書の限界と今後の研究課題

　本書で設定した2つのリサーチクエスチョンを明らかにすべく，日系ブラジル人労働者及び彼らを雇用する中小製造業を対象にしたアンケート調査とインタビュー調査，またハローワーク，国際交流協会といった公的機関へのインタビュー調査を行い，日系ブラジル人労働者の雇用形態が派遣社員，請負社員といった「間接雇用」という不安定な労働階層に固定化され続けている実態やその要因の一部を，加えて中小製造業が日系ブラジル人労働者を「間接雇用」する要因の一部を明らかにできたことは，本書で得られた一定の成果である。

　しかし，本書での調査は，日系ブラジル人労働者の集住地域とはいえ，群馬県，静岡県，愛知県といった一定の地域での調査に留まっている。2019年4月に入管法の一部が改正されたことによって，新たな在留資格として「特定技能1号」「特定技能2号」が創設されたことにより，この制度が適用される国や職種に制限はあるものの，従来は最長5年であった技能実習生の在留期間も，「特定技能」による在留資格を得ることによって，「特定技能1号」では5年，「特定技能2号」ではさらに5年の延長が認められるようになった。また，「特定技能2号」での在留資格で在留する者は，家族の帯同も許されるようになるなどにより，従来は日系ブラジル人労働者を主とした南米系外国人が多かった地域においても，国籍が多様化している。さらに，日本における外国人労働者の国籍別在留人数は，在留者の多い上位5か国の過去15年の在留者数にも変化が見られる。

　日系ブラジル人労働者の集住地も福井県や島根県の一部都市などへと拡大してきている。これらの現状から，今後の研究課題としては，福井県や島根県など，本書では調査しなかった地域での調査，少数在住地域での日系ブラジル人労働者の就労環境などの調査を行うとともに，近年増加している地域などでの調査を行い，各地域の比較をすることによって，今後も日本に住み続けるであろう日系ブラジル人労働者の就労環境や生活実態等の全体像を明らかにしていきたい。

また，先行研究のレビューでも述べたとおり，日系ブラジル人労働者の再就職・転職時における紹介ルートについて，ハローワークや外国人支援団体（国際交流協会など），家族，同国籍者の友人・知人を介しての再就職・転職に視点を置いた考察があまりなされていない。したがって，調査範囲の拡大に併せて，今後はこのような視点でも深掘りしたい。

■注
1 駒井（2004）では，日系ブラジル人労働者をはじめとする定住外国人を「新来定住外国人」と表現していることから，本書ではブルーカラーとして位置付けられている日系ブラジル人労働者を「新来ブルーカラー層」と定義する。
2 法務省（2022）によれば，2020年から2022年までの3年間における国籍別帰化許可可数は，韓国（大韓民国）・朝鮮（朝鮮民主主義人民共和国）が10,340人，中国が7,705人と他の国に比べて圧倒的に多いが，次いで多いのがブラジルの1,184人である。
3 早川（2022）は，日本人新卒者の採用が困難な中小製造業では，日系ブラジル人労働者を正社員として直接雇用し，高度熟練技能の継承者として育成すべきであると指摘している。
4 1947年から1949年に生まれた世代をいい，この世代が60歳の定年を迎える2007年は，労働力の大幅な減少，技能継承などの問題が生じる「2007年問題」が注目されていたが，再雇用や定年延長などによって大きな問題とはならなかった。しかし，現在，団塊の世代が75歳となり，介護や社会保障問題などが「2025年問題」として注目されている。
5 日本国内で外国人が集住している地方自治体やその地域の国際交流協会などが参加する組織であり，当時ブラジル人住民の多かった静岡県浜松市の呼びかけで2001年5月に設立された。2022年4月現在の加盟都市は13都市である。

あとがき

　本書は，2024年3月に法政大学より学位を授与された博士論文を加筆修正し刊行したものです。博士学位論文をまとめるにあたり，ご協力をいただきました多くの皆様方に御礼を申し上げます。

　特に，研究を遂行し学位論文の完成に向けて，恵まれた研究環境を与えていただくとともに懇切丁寧なご指導を賜りました，井上善海教授（法政大学大学院政策創造研究科）に厚く御礼申し上げます。

　学位論文の審査にあたり，審査員としてご助言をいただきました上山肇教授（法政大学大学院政策創造研究科），柴田仁夫准教授（岐阜大学社会システム経営学環）に深く感謝申し上げますとともに，法政大学大学院での学びの契機を与えていただきました坂本光司先生（人を大切にする経営学会会長）に心から感謝申し上げます。

　また，熱心にご指導をいただいた法政大学政策創造研究科の各先生，種々の議論，アドバイスをいただいた大学院の同窓生，本研究の趣旨を理解し快く調査にご協力いただいた皆様と辛抱強く見守ってくれた家族，友人に対して感謝の意を表します。

　最後に，出版事情が厳しい中，本書を出版する機会を与えていただいた株式会社中央経済社の山本継社長と，編集を担当していただいた学術書編集部の編集長納見伸之氏にお礼を申し上げます。

2025年1月

早川　和幸

■参考文献
(1) 日本語文献
① 論文
青木秀男（2006）「外国人労働者の労働・定住・階層化」『市大社会学』第7巻，pp.1-17．
明石純一（2009）「入管行政から移民政策への転換―現代日本における外国人労働者政策の分析」『日本比較政治学会年報』11, pp.217-245．
明石純一（2017）「安倍政権の外国人政策」『大原社会問題研究所雑誌』第700巻，pp.12-19．
明石純一（2019）「2018年入管法改正―その政策的含意について―」『三田評論』1235, pp.28-31．
明石純一（2020）「2018年法改正と入国管理をめぐる歴史観：変化と連続性（2018年改訂入管法と制度化への多角的分析）」『移民政策研究』第12号，pp.65-79．
赤松裕二（2018）「国内楽器産業の技術の伝承と生産戦略―フルート製造業を事例とした考察―」『関西ベンチャー学会誌』第10号，pp.81-91．
浅川和幸（2007）「日系ブラジル人労働者の労働と生活―人材派遣会社を事例に―」『調査と社会理論』研究報告書23, pp.15-48．
浅田秀子（2000）「日系ブラジル人と「接触仮説」―集住地における地元日本人住民との接触における「接触仮説」の検証と新しい視点―」『異文化コミュニケーション研究』第3号 pp.35-50．
浅田秀子（2003）「日本人住民のブラジル人住民に対する意識―愛知県西尾市県営緑町住宅の事例から―」『異文化コミュニケーション研究』第6号 pp.57-68．
アンジェロ・アキミツ・イシ（1995）「日系ブラジル人からみた日本での労働」渡辺雅子編著『共同研究・出稼ぎ日系ブラジル人（上）論文篇・就労と生活』明石書店．
アンジェロ・アキミツ・イシ（2003）「「ポスト・デカセギ時代」の日系ブラジル人による国際戦略の挑戦」岩崎信彦・ピーチ，ケリ・宮島喬・グッドマン，ロジャー・油井光彦（編）『海外における日本人，日本のなかの外国人―グローバルな移民流動とエスノスケープ』昭和堂，pp.385-398．
アンジェロ・アキミツ・イシ（2006）「デカセギ移民へのまなざし―英米とブラジルにおけるデカセギ論」『ラテンアメリカ研究年報』No.26, pp.116-140．
飯野光浩（2020）「静岡県における高齢化と外国人労働者に関する経済学的分析に向けた展望研究」『国際関係・比較文化研究』第19巻第1号，pp.29-38．
五十嵐泰正（1999）「職場の同僚/部下としての外国人：外国人従業員を含む仲間意識構築の可能性を中心に」『大原社会問題研究所雑誌』No.491, pp.1-15．
五十嵐泰正（2003）「日本で働くという経験/外国人と働くという経験」駒井洋・石井由香編『移民の居住と生活』明石書店．
井口泰（1999）「外国人労働者の流入と我が国の不安定雇用層（日雇労働者・ホームレスと現代日本―5）」『社会政策学会誌』第1号，pp.85-100．

井口泰（2016）「外国人労働者問題と社会政策」『社会政策』第 8 巻第 1 号，pp.8-28.
池上重弘（2016）「浜松市と企業・大学・市民による外国人受け入れの経緯と課題」『社会政策』第 8 巻第 1 号，pp.57-68.
池上重弘（2021）「ブラジル人家族と危機：『1990年体制』から30年の歴史の中で」『移民政策研究』No.13，pp.46-65.
池田真利子・金延景他（2014）「常総市における日系ブラジル人の就業・生活形態の地域的特性」『地域研究年報』36，pp.56-58.
池田真朗・前田美千代（2003）「日系ブラジル人労働者の就労に関する契約法上の諸問題」『法學研究』Vol.76・No.2，pp.57-83.
井澤和貴・上山肇（2019）「地域社会における在日外国人との持続可能な多文化共生に関する研究―東京都江戸川区西葛西を事例として―」『地域イノベーション』第 9 号，pp.109-118.
石川雅典（1995）「出稼ぎ送出の実態と家庭・地域生活―アマゾン地区日系集団地の留守家族，出稼ぎ経験者の調査から―」渡辺雅子（編）『共同研究・出稼ぎ日系ブラジル人（上）論文篇・就労と生活』明石書店．
石田智恵（2009）「日系人というカテゴリーへの入管法改正の作用―1990年以降の出稼ぎ日系人に関する研究動向―」『Core Ethics』Vol.5，pp.427-434.
和泉徹彦（2019）「日本における外国人労働者に関する研究の動向と展開」『嘉悦大学研究論集』62(1)，pp.23-37.
伊藤泰郎（2000）「社会意識とパーソナルネットワーク」森岡清志編『都市社会のパーソナルネットワーク』東京大学出版会．
伊藤泰郎（2005）「外国人に対する寛容度の地域比較―パーソナルネットワークの地域間都市間比較に関する実証的研究―」『科学研究費補助金研究成果報告書（基盤研究（B））pp.128-145.
稲田勝幸（2007）「2007年問題と技能伝承：具体的企業調査を通して」広島修道大学商経学『修道商学』47(2)，pp.1-54.
稲葉奈々子・樋口直人（2010）「日系人労働者は非正規就労からいかにして脱出できるか―その条件と帰結に関する研究」『全労済協会公募研究シリーズ』14，pp.1-109.
稲葉奈々子・樋口直人（2013）「失われた20年：在日南米人はなぜ急減したのか」『茨城大学人文学部人文コミュニケーション学科論集』14，pp.1-11.
指宿昭一（2020）「外国人労働者をめぐる政策課題」『日本労働研究雑誌』No.715，pp.42-48.
植木洋（2012）「日系ブラジル人の基幹労働力化―自動車部品メーカーを例に」『社会政策』第 4 巻第 2 号，pp.117-128.
江頭説子（2013）「繊維産業における技能継承と人材育成をめぐる課題―岡山県倉敷市を中心に」『大原社会問題研究所雑誌』652巻，pp.31-45.
大久保武（1999）「外国人労働者の就業構造と分断的労働市場―工業都市浜松におけ

る日系南米人労働者の階層性」『農村研究』第88号, pp.12-24.
大久保武 (2001)「日系人労働者における労働市場の構造」『日本労働社会学会年報』第12号, pp.205-217.
太田聰一 (2006)「技能継承と若年採用―その連関と促進策をめぐって」『日本労働研究雑誌』No.550, pp.17-30.
太田聰一 (2012)「雇用の場における若年者と高齢者―競合関係の再検討」『日本労働研究雑誌』No.626, pp.60-74.
梶田孝道 (2002)「日本の外国人労働者政策」, 梶田孝道・宮島喬編『国際化する日本社会』東京大学出版会.
加藤秀雄 (2008)「中小製造業における製造現場の変化と技能継承の課題―小企業の技能継承の手がかりを求めて―」『国民生活金融公庫調査季報』第86号, pp.43-66.
上林千恵子・山口塁・長谷川翼 (2022)「出雲市における産業振興・雇用創出と外国人労働者(2)：日系ブラジル人の雇用管理と地域労働市場での位置づけ」『社会志林』68(4), pp.71-113.
上林千恵子 (2020)「特定技能制度の性格とその社会的影響―外国人労働者受け入れ制度の比較を手がかりとして」『日本労働研究雑誌』No.715, pp.20-28.
亀田進久 (2008)「外国人労働者問題の諸相―日系ブラジル人の雇用問題と研修・技能実習制度を中心に」レファレンス687号, pp.21-31.
川本敏 (2019)「改正入管法, その内容と残された課題」『白鷗大学論集』第34巻第1号, pp.1-31.
神田すみれ (2019)「外国人労働者と企業におけるコミュニケーション」『共生の文化研究』Vol.13, pp.60-64.
北川博史 (1991)「工業就業人口からみた都市の類型化：おもに高度成長期以降の工業都市の変容について」『地理科学』Vol.42, No2, pp.75-92.
金秉基・尹寛子 (2020)「日本の労働力不足と外国人労働力―シリコンバレーの外国人に対する成人教育を事例に―」『彦根論叢』No.425, pp.4-21.
熊迫真一 (2019)「未熟練外国人労働者受け入れの影響」『国士館大学政治研究』第10号, pp.137-147.
久保田章市 (2006)「団塊世代の引退による技能継承問題と雇用・人材育成―製造業の事例」『日本労働研究雑誌』No.550, pp.31-42.
小池司朗 (2022)「近年における外国人人口の地域分布」『人口問題研究』78-3, pp.419-430.
江秀華 (2015)「台湾における外国人労働者の受け入れについて：実態および政策調査」『城西現代政策研究』第8巻第1号, pp61-70.
小坂拓也 (2018)「わが国における外国人労働者の現況と中小企業における外国人雇用の方向性について」『中小企業支援研究』Vol.5, pp.42-46.
小坂拓也 (2021)「中小企業における外国人雇用の実態と課題」『中小企業支援研究』Vol.8, pp.27-33.

伍賀一道（2000）「非正規雇用―派遣労働を中心に―」『大原社会問題研究所雑誌』No.501，pp.13-29.
伍賀一道（2007）「間接雇用は雇用と働き方をどう変えたか―不安定就業の今日的断面」『季刊経済理論』第44巻第3号，pp.5-18.
伍賀一道（2008）「今日の不安定就業層問題」『経済研究所年報』(26)，pp.97-108.
児島明（2011）「日系ブラジル人青年のデカセギ経験」『地域学論叢』第8巻第1号，pp.13-38.
小島俊雄・森和男（2002）「加工技能のデジタル化」公益社団法人精密工学会『精密工学会誌』68巻10号，pp.1267-1272.
小谷真千代（2014）「業務請負業者の事業戦略と日系ブラジル人労働市場―岐阜県美濃加茂市を中心に―」『人文地理』第66巻第4号，pp.24-45.
駒井洋（2014）「日本における移民研究の成果と課題」『移民政策研究』Vol.6，pp.219-233.
是川夕（2015）「外国人労働者の流入による日本の労働市場の変容―外国人労働者の経済的達成の特徴，及びその決定要因の観点から―」『人口問題研究』71-2，pp.122-140.
是川夕（2018）「日本における国際人口移動転換とその中長期的展望：日本特殊論を超えて」『移民政策研究』No.10，pp.13-28.
是川夕（2021）「現代日本における外国人労働者の労働市場への統合状況―賃金構造基本統計調査マイクロデータによる分析」『IPSS Working Paper Series (J)』No.45，pp.1-43.
近藤大祐（2015）「浜松におけるブラジル人移住第2世代の発信行動」静岡文化芸術大学大学院文化政策研究科修士論文．
近藤敏夫（2005）「日系ブラジル人の就労と生活」『社会学部論叢』第40号，pp.1-18.
佐伯康考（2014）「地域労働市場の需給ミスマッチと外国人労働者の動向―日系人，新日系人及び技能実習生をめぐって」『経済学研究』第45号，pp.21-42.
佐野孝治（2010）「韓国における外国人労働者支援システム」『商学論集』第79巻第3号，pp.47-81.
佐野孝治（2014）「韓国の「雇用許可制」と外国人労働者の現況―日本の外国人労働者受入れ政策に対する示唆点(1)―」『福島大学地域創造』第26巻第1号，pp.33-52.
佐野孝治（2017）「韓国の「雇用許可制」にみる日本へのインプリケーション」『日本政策金融公庫論集』第36号，pp.77-90.
佐野孝治（2020）「外国人労働者受入れ政策の日韓比較―単純技能労働者を中心に―」『The Journal of Korean Economic Studies』Vol.17，pp.3-35.
佐野哲（2003）「日系人労働者の就業・雇用構造」，依光正哲編『国際化する日本の労働市場』東洋経済新報社．
佐野哲（2008）「日本とアジア諸国における外国人単純労働者の受け入れ政策」『経営志林』45(3)，pp.37-52.

佐野哲（2009）「人材紹介業のビジネスモデルと労働市場」『経営志林』46(3)，pp.1-41.
佐藤卓利（2019）「外国人労働者の受入れと地域共生社会」『立命館経済学』第67巻第5・6号，pp.631-643.
三宮直樹（2022）「外国人雇用中小企業におけるダイバーシティ・マネジメントの類型化—クラスター分析を用いた分類と事例分析」『大阪商業大学論集』第18巻第1号，pp.73-95.
式部信（1992）「「外国人労働者問題」と労働市場理論」，伊豫田登士翁・梶田孝道編『外国人労働者論：現状から理論へ』弘文堂．
島村奈生子（2000）「日系ブラジル人労働者の転職とその構造的制約」『社会分析』（通号28），pp.103-118.
しんきん経済研究所（2022）「しんきん経済レポート」しんきん経済研究所．
鈴木江理子（2021）「コロナから問う移民/外国人政策：非常時に翻弄される「不自由な労働者」たち」『国士舘人文科学論集』第2号，pp.55-63.
関千里（2019）「外国人材の雇用に関する予備的考察」『愛知学院大学・経営管理研究所紀要』第26号，pp.1-17.
宗陽一郎・江部宏典・中村英夫（2008）「技能継承活動支援システムの開発—溶接技能教育での試行導入」システム制御情報学会『システム／制御／情報』第52巻第4号，pp.136-141.
宋艶苓（2011）「日系外国人の就労実態—東海地域の実態調査をもとに—」『労務倫理学会誌』第21巻，pp.153-165.
田巻松雄（2011）「外国人労働者問題の日韓比較に関するノート」『宇都宮大学国際学部研究論集』第32号，pp.83-95.
髙木耕（2017）「日本ブラジル関係史の再考—移民事業と日系人社会の発展を中心として—」『グローバル・コミュニケーション研究』第5号，pp.7-31.
髙谷幸（2018）「「外国人労働者」から「不法滞在者」へ・1980年代以降の日本における非正規滞在者をめぐるカテゴリーの変遷とその帰結」『社会学評論』68(4)，pp.531-547.
高畑幸（2015）「人口減少時代の日本における「移民受け入れ」とは—政策の変遷と定住外国人の居住分布」『国際関係・比較文化研究』第14巻第1号，pp.141-157.
高畑幸（2018）「東海地方における移住労働者のエスニシティ構成の「逆転現象」」『日本都市社会学会年報』第36号，pp.147-163.
多賀谷一照（2019）「外国人労働者と入管法制」『地域総合研究』第12号，pp.29-49.
竹内英二（2017）「中小企業における外国人労働者の役割」『日本政策金融公庫論集』第35号，pp.21-39.
竹ノ下弘久（2016）「労働市場の流動化と日系ブラジル人をめぐる編入様式」『法學研究』第89巻第2号，pp.498-520.
田辺俊介（2001）「外国人への排他性と接触経験」『社会学論考』22号，pp.1-15.

谷口智彦（2014）［日系ブラジル人労働者のキャリア研究の射程と課題］近畿大学商経学会『商経学叢』第61巻第2号，pp.77-102.

丹野清人（1999）「在日ブラジル人の労働市場―業務請負業と日系ブラジル人労働者」『大原社会問題研究所雑誌』No.487, pp.21-40.

丹野清人（2000）「日系人労働市場のミクロ分析―日系人雇用と地域コミュニティ」『大原社会問題研究所雑誌』No.499, pp.18-36.

丹野清人（2009）「外国人労働者問題の根源はどこにあるのか」『日本労働研究雑誌』No.589, pp.27-35.

丹辺宣彦・ハヤシ・ブルーノ・ナオマサ（2019）「豊田市保見団地における日系ブラジル人の定住化と就労―自動車産業就労をめぐるネットワーク形成と「半周辺的地位」を中心に―」『東海社会学年報』11, pp.40-54.

津崎克彦（2014）「在留外国人統計に見る外国人労働力の性質と変容」『四天王寺大学紀要』第58号, pp.125-154.

津崎克彦（2018）「日本の労働市場の国際化と貿易―1990年代以降の製造業の外国人受入れに注目して―」『四天王寺大学紀要』第65号, pp.53-64.

対馬宏（2021）「日本国内における外国人労働者の必要性に関する一考察―長期的・包括的視点より」『東洋学園大学紀要』第29号, pp.79-88.

都築くるみ（1998）「エスニック・コミュニティの形成と「共生」―豊田市H団地の近年の展開から―」『日本都市社会学会年報』第16号, pp.89-102.

津田哲也（1999）「一時的移住の永続性：日本における日系ブラジル人移民労働者の構想的定着性」The Journal of Asian Studies, Vol.58, No.3, pp.687-722.

丁茹楠（2021）「1980年代以降日本における在留外国人に関する地理学的研究の動向」『熊本大学社会文化研究』No.19, pp.75-90.

遠原智文（2010）「中小製造業における技能継承：西島の事例」『大阪産業大学経営論集』第11巻第3号, pp.179-189.

遠原智文（2018）「2017年問題と技能継承」『福岡大学商学論叢』第62巻第3号, pp.297-314.

豊田哲也・中川秀幸・山部理沙・大金優子・三宅裕揮「外国人材の戦略的受入れに向けた自治体の先駆的取組みの検討―秋田県仙北市と大潟村の事例」『国際教養大学アジア地域研究連携機構研究紀要』第9号, pp.15-39.

永井裕眞（2008）「日系ブラジル人向け金融サービスについて」,『アジア遊学』No.117, 勉誠出版.

中西稔・城戸康彰（2017）「暗黙知の表出化と形式知化―水先艇運行業務の技能継承の事例」『産業能率大学紀要』Vol.37, No.2, pp.31-48.

中村二朗（2009）「外国人労働者の受け入れは何をもたらすのか」『日本労働研究雑誌』No.587, pp.16-26.

中村二朗（2020）「外国人労働」『日本労働研究雑誌』No.717, pp.30-33.

中村肇（1998）「製造現場における熟練技能の現状」『計測と制御』第37巻第7号,

pp.490-494.
中村肇 (2002)「製造現場の技能伝承」公益社団法人精密工学会『精密工学会誌』68巻10号, pp.1273-1276.
中村肇・高野研一 (2014)「高度熟練技能継承政策に関する一考察」『社会技術研究論文集』Vol.11, pp.82-95.
永吉希久子 (2006)「排外意識に対する接触と脅威認知の効果―JGSS-2003の分析から―」『日本版General Social Surveys 研究論文集』pp.259-270.
永吉希久子 (2012)「日本人の排外意識に対する分断労働市場の影響」『社会学評論』63(1) pp.19-35.
永吉希久子 (2019)「日本における外国籍者の階層的地位―外国籍者を対象とした全国調査をもとにして―」是川夕編『移民・ディアスポラ研究8　人口問題と移民―日本の人口・階層構造はどう変わるのか』明石書店.
西野真由・大島一二 (2018)「台湾における外国人単純労働者受け入れの実態―日系企業A社の事例―」『桃山学院大学経済経営論集』第60巻第2号, pp.63-78.
仁井田典子 (2014)「不安定就労者たちの疎外感と生きにくさ―個人化社会における居場所に関する社会学的研究」『2013年度首都大学東京大学院博士学位論文』pp.1-194.
二宮正人 (2010)「デカセギ現象の過去, 現在および未来」原田清編著『ブラジルの日系人』ラテンアメリカ協会事務局.
橋本由紀 (2009)「日本におけるブラジル人労働者の賃金と雇用の安定に関する考察」日本労働研究雑誌（51）2-3　pp.54-72.
橋本由紀 (2010)「外国人研修生・技能実習生を活用する企業の生産性に関する検証」『Rietiディスカッション・ペーパー』10-J-018, pp.1-36.
橋本由紀 (2012)「日本の外国人労働者の雇用に関する実証研究」東京大学博士論文 pp.1-67.
塙叡 (1982)「鎖国体制についての二・三の問題」『東京工芸大学紀要　人文・社会編』pp.49-58.
濱田国佑 (2008)「外国人住民に対する日本人住民意識の変遷とその規定要因」『社会学評論』59(1), pp.216-231.
濱田国佑 (2010)「外国人集住地域における日本人住民の排他性/寛容性とその規定要因―地域間比較を通して―」『日本都市社会学会年報』No.28, pp.101-115.
濱田国佑 (2016)「2008年の経済危機後の日系外国人および外国人集住地域をめぐる研究の動向」『駒沢社会学研究』第48号, pp.151-167.
浜松市 (2018)「浜松市における南米系外国人及び日本人の実態調査結果」浜松市企画部国際課.
早川和幸 (2021)「中小製造業におけるブラジル人労働者の雇用意識に関する一考察」『経営行動研究年報』第30号, pp.93-97.
早川和幸 (2022)「中小製造業における定住外国人への高度熟練技能継承の可能性に

関する一考察―浜松市の日系ブラジル人労働者を中心に―」『日本経営倫理学会誌』第9号，pp.41-53.

早川和幸（2023）「日系ブラジル人労働者の雇用における労働階層の固定化に関する一考察」『異文化経営研究』No19，pp.60-78.

早川智津子（2020）「外国人労働者をめぐる政策課題」『日本労働研究雑誌』No715，pp.10-19.

春木育美（2011）「韓国の外国人労働者政策の展開とその背景」『人文・社会科学論集』第28号，pp.93-105.

樋口直人（2010）「経済危機と在日ブラジル人―何が大量失業・帰国をもたらしたのか―」『大原社会問題研究所雑誌』No.622，pp.50-66.

樋口直人（2011）「経済危機後の在日南米人人口の推移―入管データの検討を通して」『徳島大学社会科学研究』第24号，pp.139-157.

平岩恵里子・伊藤薫（2008）「東海地域における外国人労働者の実態と特徴―中国人と日系ブラジル人を中心に―」『星城大学研究紀要』，pp.49-96.

福田友子（2015）「在日ペルー人移民コミュニティの特徴―統計資料の検討を通して―」『千葉大学大学院人文社会科学研究科研究プロジェクト報告書』，pp.71-98.

藤井禎介（2007）「日本の外国人労働者受け入れ政策―比較分析のための一試論」『政策科学』14-2，pp.45-53.

藤本麻亜華（2020）「増加する外国人労働者と日本における移民政策の在り方」『香川大学経済政策研究』第16号（通巻第17号），pp.207-229.

古沢昌之（2012）「日本企業のブラジル事業展開における日系人の「第三文化体」としての可能性」『大阪商業大学論集』第7巻第3号，pp.1-21.

古沢昌之（2015）「在日ブラジル人の「デカセギ・ビジネス」に関する一考察―起業活動を巡る状況と経営の実相」『大阪商業大学論集』第11巻第1号（通号177号），pp.1-18.

朴昌明（2020）「韓国における外国人非熟練労働者と雇用許可制」『駿河台法学』第34巻第1号，pp.51-73.

朴一（2002）「自治体の外国人労働者受入れ・雇用対策に関する一考察―群馬県大泉町における日系人労働者施策から―」『経済学雑誌』第103巻第2号，pp.41-50.

堀内康史（2006）「外国人居住者比率と外国人への寛容性」『上智大学社会学論集』No.30，pp.43-60.

堀内康史（2014）「外国人居住者割合と寛容性・排他性」『経済研究』No.27，pp.77-90.

町北朋洋（2015）「日本の外国人労働力の実態把握―労働供給・需要面からの整理」『日本労働研究雑誌』No.662，pp.5-26.

松井雄史（2020）「中小製造業における技能承継問題の実態とその解決策」『日本政策金融公庫論集』第49号，pp.1-18.

松田順（2008）「都市比較―（ものづくり都市のイノベーション：浜松市）」『専修大

学都市政策研究センター論文集』第4号, pp.29-44.
松永桂子（2006）「中小企業の技能継承問題と基盤技術振興に関する政策」島根県立大学総合政策学会『総合政策論叢』第11号, pp.143-236.
松宮朝（2010a）「ニューカマー外国籍住民集住地域の比較研究に向けて―地域からとらえる視点の可能性」『愛知県立大学教育福祉学部論集』第59号, pp.19-26.
松宮朝（2010b）「経済不況化におけるブラジル人コミュニティの可能性―愛知県西尾市県営住宅の事例から」『社会福祉研究』第12号, pp.33-40.
松本康（2006）「地域社会における外国人への寛容度」, 奥田道大・松本康監修, 広田康生ほか編『先端都市社会学の地平』ハーベスト社.
水野有香（2012）「日本における派遣労働」『社会政策』第4巻第2号, pp.106-116.
村上義昭（2021）「技能は中小製造業者の業績を高めるか」『大阪商業大学論集』第16巻第3号（通合199号）, pp.23-40.
宮本恭子（2017）「持続可能な社会に向けた外国人労働者の受け入れに関する研究」『山陰研究』第10号, pp.1-18.
桃原有都（2021）「在日日系ブラジル人の研究の成果と課題―進路・就労選択を中心に―」『教育論叢』第64号, pp.59-68.
森和夫（2006）「職人の熟練技能とその伝承をめぐって」『技能と技術』2006年6号, pp.2-7.
森幸一（2000）「還流型移住としての《デカセギ》―ブラジルからの日系人デカセギの15年」, 法政大学比較経済研究所・森廣正編『国際労働力のグローバル化』法政大学出版局.
森廣正（1994）「わが国における外国人労働者―日系ブラジル人調査―・Ⅳ　日系ブラジル人の入職・就労状況」『法政大学日本統計研究所・研究所報』No.20, pp.49-60.
森廣正（2002）「日本における外国人労働者問題の研究動向」『大原社会問題研究所雑誌』第528巻, pp.1-25.
森博美（1994）「わが国における外国人労働者―日系ブラジル人調査―・Ⅵ　日系ブラジル人就業者の定住希望意識について」『法政大学日本統計研究所・研究所報』No.20, pp.77-89.
守屋貴嗣（2011）「ブラジル日系移民小説論」『異文化. 論文編』, pp.133-156.
守屋貴司（2018）「外国人労働者の就労問題と改善策」『日本労働研究雑誌』No.696, pp.30-39.
守屋貴司（2019）「日本の中小企業における外国人材による「働き方改革」の現状と改善策」『商工金融』2019年4月号, pp.18-33.
山口裕子（2020）「日本の外国人受け入れ政策の変遷と課題―技能実習制度から2018年入管法改正までを中心に―」『北九州市立大学紀要』第90号, pp.87-108.
山口塁（2022）「日本の外国人労働者と労働市場構造―これまでの整理とこれからの論点」『JILPT Discussion Paper 22-07』, pp.1-52.

山崎圭一・内田智允（2007）「中南米出身の移住労働者に関する一考察―2006年のアンケート調査結果の報告」『エコノミア』第58巻第1号，pp.1-31.
山崎隆志（2006）「外国人労働者の就労・雇用・社会保障の現状と課題」『レファレンス』No.669，pp.2-43.
山田亮介（2019）「日本における移民・外国人労働者受け入れ政策の現状」『国士舘大学政治研究』第10号，pp.127-136.
山本かほり・松宮朝（2011）「リーマンショック後の経済不況下におけるブラジル人労働者―A社ブラジル人調査から―」『社会福祉研究』第13巻，pp.37-61.
山本健兒（1994）「わが国における外国人労働者―日系ブラジル人調査―・Ⅴ　日系ブラジル人の労働移動」『法政大学日本統計研究所・研究所報』No.20，pp.61-76.
柳吉相（2004）「大韓民国における外国人雇用許可制」『日本労働研究雑誌』No.531，pp.48-54.
横山正博（1997）「パートタイム労働の基幹労働力化の背景と方向」『大原社会問題研究所雑誌』No.460，pp.26-42.
吉田道代（1992）「近年の大都市周辺地域における外国人労働者雇用の展開と実態―岐阜県可茂地域の製造業を事例として―」『経済地理学年報』第38巻第4号，pp.303-317.
李政宏（2012）「日本の外国人入国政策の変遷と外国人入国の推移」『早稲田大学大学院教育学研究科紀要』別冊20号－1，pp.189-199.
労働政策研究・研修機構（2006）「ものづくり現場における外国人労働者の雇用実態に関する調査結果」『JILPT調査シリーズ』No.19，pp.19-73.
労働政策研究・研修機構（2020a）「ものづくり産業における技能継承の現状と課題に関する調査結果」『JILPT調査シリーズ』No.194，pp.3-7.
労働政策研究・研修機構（2020b）「外国人労働者の雇用状況に関する分析」『JILPT資料シリーズ』No.235，pp.1-52.
渡部いづみ（2013）「浜松地域の産業を分析する―ものづくりの街の実態」『浜松学院大学研究論文集』pp.61-84.
渡邊博顕（2004a）「日系人労働者の人的資源管理について―間接雇用の増加との関連で―」労働政策研究・研修機構『労働政策研究報告書』No.14，第Ⅰ部第4章，pp.75-102.
渡邊博顕（2004b）「間接雇用の増加と日系人労働者」『日本労働研究雑誌』No.531，pp.35-47.

② 書　籍

明石純一（2010）『入国管理政策：「1990年体制」の成立と展開』ナカニシヤ出版．
浅井紀子（2002）『スキルの競争力・強いモノづくり継承のために』中央経済社．
井口泰（2001）『外国人労働者新時代』筑摩書房．
池森憲一（2009）『出稼ぎ派遣工場・自動車部品工場の光と陰』社会批評社．

参考文献

石川義孝（2018）『流入外国人と日本—人口減少への処方箋—』海青社.
池上重弘・編著（2001）『ブラジル人と国際化する地域社会—居住・教育・医療』明石書店.
伊藤之雄・大津透・久留島典子・藤田覚（2018）『新日本史』山川出版社.
稲上毅（1992）『外国人労働者を戦力化する中小企業』中小企業リサーチセンター.
稲上毅・川喜多喬（編）（1999）『講座社会学6』東京大学出版会.
入江昭（1966）『日本の外交—明治維新から現代まで』中央公論新社.
内橋克人・佐野誠（2005）『ラテン・アメリカは警告する』新評論.
NHK取材班（2017）『外国人労働者をどう受け入れるか』NHK出版.
エンリーケ・コルテス（1988）『近代メキシコ日本関係史』現代企画室.
大久保武（2005）『日系人の労働市場とエスニシティ—地方工業都市に就労する日系ブラジル人』御茶の水書房.
小内透・酒井恵真編著（2001）『日系ブラジル人の定住化と地域社会—群馬県太田・大泉地区を事例として』御茶の水書房.
小内透編著（2009a）『ブラジルにおけるデカセギの影響』御茶の水書房.
小内透編著（2009b）『在日ブラジル人の労働と生活』御茶の水書房.
梶田孝道（1994）『外国人労働者と日本』日本放送出版協会.
梶田孝道・丹野清人・樋口直人（2005）『顔の見えない定住化』名古屋大学出版会.
金七紀男（2009）『ブラジル史』東洋書店.
北脇保之編著（2011）『「開かれた日本」の構想—移民受け入れと社会統合』ココ出版.
小池和男（1999）『仕事の経済学（第2版）』東洋経済新報社.
伍賀一道（1988）『現代資本主義と不安定就業問題』御茶の水書房.
伍賀一道（1999）『雇用の弾力化と労働者派遣・職業紹介事業』大月書店.
小林英之（1991）『外国人・日系人雇用のノウハウ』海南書房.
駒井洋（1998a）『新来・定住外国人資料集成・上巻』明石書店.
駒井洋（1998b）『新来・定住外国人資料集成・下巻』明石書店.
駒井洋編著（2004）『移民をめぐる自治体の政策と社会運動』明石書店.
駒井洋監修・津崎克彦編著（2018）『産業構造の変化と外国人労働者：労働現場の実態と歴史的視点』明石書店.
駒井洋監修・小林真生編著（2020）『変容する移民コミュニティ—時間・空間・階層（移民・ディアスポラ研究9）』明石書店.
是川夕編著（2019a）『人口問題と移民—日本の人口・階層構造はどう変わるのか（移民・ディアスポラ研究8）』明石書店.
是川夕（2019b）『移民受け入れと社会的統合のリアリティ—現代日本における移民の階層的地位と社会学的課題』勁草書房.
近藤敦編著（2011）『多文化共生政策へのアプローチ』明石書店.
佐藤忍（2021）『日本の外国人労働者受け入れ政策：人材育成指向型』ナカニシヤ出版.

佐野哲（1996）『ワーカーの国際還流：日系ブラジル人労働需給システム』日本労働研究機構．
静岡経済研究所（2022）『静岡県会社要覧』．
島田晴雄（1993）『外国人労働者問題の解決策』東洋経済新報社．
杉山春（2008）『移民還流―南米から帰ってくる日系人たち―』新潮社．
鈴木孝憲（2010）『2020年のブラジル経済』日本経済新聞社．
鈴木江理子（2009）『日本で働く非正規滞在者―彼らは「好ましくない外国人労働者」なのか？』明石書店．
鈴木江理子編著（2021）『アンダーコロナの移民たち』明石書店．
髙谷幸編著（2019）『移民政策とは何か』人文書院．
田辺俊介（2002）「外国人への排他性とパーソナルネットワーク」森岡清志編著『パーソナルネットワークの構造と変容』東京都市大学出版会．
丹野清人（2007）『越境する雇用システムと外国人労働者』東京大学出版会．
谷富夫編著（2002）『民族関係における結合と分離』ミネルヴァ書房．
戸井田克己（2005）『日本の内なる国際化―日系ニューカマーとわたしたち』古今書院．
富野幹雄・高橋都彦・金七紀男共編（2003）『現代ポルトガル語辞典』白水社．
仲川裕里（2011）「行ったり来たりする人たち」，専修大学人文科学研究所編『移動と定住の文化誌』彩流社．
永吉希久子（2020）『移民と日本社会―データで読み解く実態と将来像』中央公論新社．
永吉希久子編（2021）『日本の移民統合』明石書店．
日本政策金融公庫総合研究所編（2017）『中小企業の成長を支える外国人労働者』同友館．
春木育美・吉田美智子（2022）『移民大国化する韓国―労働・家族・ジェンダーの視点から―』明石書店．
深沢正雪（1999）『パラレル・ワールド』潮出版．
ブラジル日本移民史料館・ブラジル日本移民百周年記念百年史編纂委員会編（2008）『目で見るブラジル日本移民の百年』風響社．
前山隆（1996）『エスニシティとブラジル日系人』御茶の水書房．
水野龍哉（2016）『移民の詩・大泉ブラジルタウン物語』CCCメディアハウス．
馬越恵美子（2000）『異文化経営論の展開』学文社．
宮島喬（1993）『外国人労働者と日本社会』明石書店．
宮島喬・鈴木江理子（2014）『外国人労働者受け入れを問う』岩波書店．
宮島喬・鈴木江理子ほか編（2019）『開かれた移民社会へ』別冊『環』24，藤原書店．
安田浩一（2010）『ルポ　差別と貧困の外国人労働者』光文社．
山田鐐一・黒田忠正（2000）『わかりやすい入管法（第5版）』有斐閣．
山田鐐一・黒木忠正（2006）『よくわかる入管法』有斐閣．

山本隆（2004）『熟練技能伝承システムの研究』白桃書房.
山脇啓造・上野貴彦編著（2022）『多様性×まちづくり インターカルチュラル・シティ―欧州日本・韓国・豪州の実践から』明石書店.
依光正哲・佐野哲（1992）『地域産業の雇用開発戦略』新評論.
依光正哲（2003）『国際化する日本の労働市場』東洋経済新報社.
リリ川村（2000）『日本社会とブラジル人移民―新しい文化の創造をめざして』明石書店.
若槻泰雄・鈴木譲二（1975）『海外移住政策史論』福村出版.
渡辺雅子編著（1995a）『共同研究 出稼ぎ日系ブラジル人（上）論文篇・就労と生活』明石書店.
渡辺雅子編著（1995b）『共同研究 出稼ぎ日系ブラジル人（下）資料篇・体験と意識』明石書店.

(2) **外国語文献**
① 論 文

Barna, L. M. (1994) "Stumbling Blocks in Intercultural Communication." *Intercultural Communication : A Reader*, 7h, 337-346.
Bartel, A. P. (1979) "The Migration Decision: What Role Does Job Mobility Play." *The American Economic Review*, Vol.69, No.5, 775-786.
Borjas, George. (1994) "The Economics of Immigration." *Journal of Economic Literature*, Vol.32, No.4, 1667-1717.
Fossett, M. A. & Kiecolt, K. J. (1989) "The Relative Size of Minority Populations and White Racial Attitudes." *Social Science Quarterly*, 100, 750-780.
Gmelch, G. (1980) "Return Migration." *Annual Review of Anthropology*, 9：1, 35-59.
Hashimoto, Y. (2017) "Highly Skilled Immigrants Occupational Choices and the Japanese Employment System." *Rieti Discussion Paper Series*, (17-E-059), 1-33.
Hayakawa, K. (2022) "Entrenchment of Labor Structures in the Employment of Japanese-Brazilian Workers." *Transcultural Management Review*, Vol.19, 69-86.
Ishi, A. (2003) "Searching for Home Wealth, Pride and Class：Japanese Brazilians in the Land of Yen Searching for Home Abroad：Japanese Brazilian and Transnationalism." *Duke University Press*, No10, 75-102.
Naoto, H. & Kiyoto, T. (2003) "What's Driving Brazil-Japan Migration? The Making and Remaking of the Brazilian Niche in Japan." *International Journal of Japanese Sociology*, No12, 33-47.
Ninomiya, M. (2005) "Remittances of Brazilian Workers in Japan." *University of Tokyo Journal of Law and Politics*, Vol2, Spring 2005. 103-110.
Okunishi, Y & Sano, T. (1995) "Labor Markets of Japanese-Descended Workers and Foreign Trainees in Japan." *Asian and Pacific Migration Journal*, 4：378-409.

Okunishi, Y. (1996) "Labor Contracting in International Migration." *Asian and Pacific Migration Journal*, 5, 219-240.

Okun, Arthur. M. (1973) "Upward Mobility in a High-Pressure Economy." *Brookings Papers on Economic Activity*, No.1, 207-261.

Portes, Alejandro. (1997) "Immigration Theory for a New Century: Some Problems and Opportunities." *The International Migration Review*, Vol.13, 31-42.

Sigelman, L. & Welch, S. (1993) *"The Contact Hypothesis Revisited: Black-White Interaction and Positive Racila Attitudes."* Social Forces, 71(3), 781-795.

Sasaki, K. (2013) "From Breakdown to Reorganization: The Impact of the Economic Crisis on the Japanese-Brazilian Dekassegui Migration System." *Japan Society for the Promotion of Science* 2013, 1-31.

Taylor, M. C. (1998) "How White Attitudes Vary with the Racial Composition of Local Populations Numbers Count." *American Sociological Review*, 63, 512-535.

Yunchen, Tian. (2019) "Workers by Any Other Name : Comparing Co-ethnics and 'Interns' as Labour Migrants to Japan." *Journal of Ethnic and Migration Studies*, Vol.45, 1496-1514.

Yamanaka, K. (1993) "New Immigration Policy and Unskilled Foreign Workers in Japan." *Pacific Affairs*, Vol.661(1), 72-90.

Yamanaka, K. (1999) "Illegal Immigration in Asia; Regional Patterns and a Case Study of Nepalese Workers in Japan." in *Illegal Immigration in America* : A Reference Handbook. *Haines, David. W. & Rosenblum, Karen. E. eds*, 471-499.

② 書 籍

Duleep, H. (2015) *"The Adjustment of Immigrants in the Labor Market"*. in Handbook of the Economics of International Migration. B. R. Chiswick and P. W. Miller eds.

Enrique Cortés (1980) *Relaciones entre México y Japón durante 1980 el Porfiriato*, Secretaría de Relaciones Exteriores. (古屋英男・米田博美・三好勝訳『近代メキシコ日本関係史』現代企画室，1988年).

Ho, Kwon Ping. (1980) *"Bargaining on the free trade zones"*. The New Internationalist No.5 (March).

Rist, Ray C. (1978) *Guestworkers in Germany*. New York: Praeger Publishers Inc.

Roth, J. H. (2002) *Brokered Homeland: Japanese Brazilian Migrants in Japan*. Cornell University Press.

Shipper, A. (2008) *Fighting for Foreigners : Immigration and Its Impact on Japanese Democracy*. Cornell University Press.

Stephen, Castles, Hein De Haas & Mark J. Miller. (2011) The Age of Migration: *International Population Movements in the Modern World*. Nation study

International Journal of Cross-Cultural Management.
Sassen, Saskia. (1998) *The Mobility of Labor and Capital: A Study in International Investment and Labor Flow.* London: Cambridge University Press.
Tsuda, T. (2003) *Strangers in the Ethnic Homeland: Japanese Brazilian Return Migration in Transnational Perspective.* New York: Columbia University Press.
Taran, P. (2009) *The Impact of Financial Crisis on Migrant Workers.* Paper presented to the 17th OSCE Economic and Environmental Forum.

(3) **Web資料**

愛知県（2023）「ホームページ」https://www.pref.aichi.jp/（2023年12月15日閲覧）
愛知県国際交流協会（2022）「ブラジル基本情報」
　https://www2.aia.pref.aichi.jp/koryu/j/brasil/brazilkihon.pdf（2023年2月2日閲覧）
伊勢崎市（2023）「世帯人口表（令和5年5月）」
　https://www.city.isesaki.lg.jp/material/files/group/24/R50501-setaihyou.pdf（2023年5月8日閲覧）
磐田市（2022）「磐田市の人口・令和4年度」
　https://www.city.iwata.shizuoka.jp/shiseijouhou/profile/toukei/1005583.html（2023年3月4日閲覧）
大泉町（2023）「外国人人口表（令和5年2月）」
　https://www.town.oizumi.gunma.jp/s017/gyosei/010/010/030/20200801163555.html（2023年4月6日閲覧）
大泉町住民経済部（2023）「大泉町の人口・世帯」
　https://www.town.oizumi.gunma.jp/s017/gyosei/010/010/020/20200801172027.html（2023年2月3日閲覧）
太田市（2023）「町別人口及び世帯数（令和5年3月）」
　https://www.city.ota.gunma.jp/page/1658.html（2023年4月10日閲覧）
外務省（2013）「帰国支援を受けた日系人への対応について」
　https://www.mofa.go.jp/mofaj/files/000015468.pdf（2023年12月9日閲覧）
外務省（2023）「ブラジル基礎データ」
　https://www.mofa.go.jp/mofaj/area/brazil/data.html（2023年2月5日閲覧）
群馬県（2023）「群馬県ホームページ」https://www.pref.gunma.jp/（2023年12月15日閲覧）
厚生労働省（1990）「国籍・出身地別在留資格（在留目的）別外国人登録者」
　https://www.e-stat.go.jp/stat-search/files?page=1&layout=datalist&toukei=00250012&tstat=000001018034&cycle=7&year=19900&month=0&tclass1=000001060436（2022年12月21日閲覧）
厚生労働省（2004）「外国人労働者の雇用管理のあり方に関する研究会報告書」
　https://www.mhlw.go.jp/houdou/2004/07/h0720-1.html（2022年12月3日閲覧）

厚生労働省（2008）「外国人雇用状況の届出状況（平成20年10月末現在）」https://www.mhlw.go.jp/houdou/2009/01/h0116-9.html（2022年12月3日閲覧）

厚生労働省（2009）「報道発表資料：日本人離職者に対する帰国支援事業の実施について」https://www.mhlw.go.jp/houdou/2009/03/h0331-10.html（2022年10月16日閲覧）

厚生労働省（2019）「雇用の構造に関する実態調査（就業形態の多様化に関する総合実態調査）」https://www.mhlw.go.jp/toukei/list/40-20_te31.html（2022年9月11日閲覧）

厚生労働省（2022）「外国人雇用状況」の届出状況まとめ（令和4年10月末現在）」https://www.mhlw.go.jp/houdou/2009/01/h0116-9.html（2023年2月5日閲覧）

厚生労働省（2023）「賃金構造基本統計調査（令和4年）」
https://www.mhlw.go.jp/toukei/list/chinginkouzou.html（2023年12月10日閲覧）

静岡県（2019）「静岡県外国人労働者実態調査」https://www.pref.shizuoka.jp/_res/projects/default_project/_page_/001/015/556/roudousyatyosa.pdf（2023年12月15日閲覧）

静岡県（2023）「静岡県ホームページ」https://www.pref.shizuoka.jp/（2023年12月15日閲覧）

総務省統計局（2021）「日本の総人口の確定値」
https://www.soumu.go.jp/menu_news/s-news/01toukei03_01000103.html（2022年10月11日閲覧）

総務省（2022）「市区町村別の人口及び世帯数」
https://www.soumu.go.jp/menu_news/s-news/17216_1.html（2023年2月2日閲覧）

総務省（2023）「労働力基本集計」
https://www.stat.go.jp/data/roudou/sokuhou/tsuki/index.html（2023年12月6日閲覧）

出入国在留管理庁（2022a）「在留外国人統計（旧登録外国人統計）統計表」
https://www.moj.go.jp/isa/policies/statistics/toukei_ichiran_touroku.html（2022年12月6日閲覧）

出入国在留管理庁（2022b）「特定技能在留外国人数（令和4年12月）」
https://www.moj.go.jp/isa/policies/ssw/nyuukokukanri01_00127.html（2023年4月7日閲覧）

出入国在留管理庁（2023a）「在留資格一覧表」
https://www.moj.go.jp/isa/applications/guide/qaq5.html（2022年11月10日閲覧）

出入国在留管理庁（2023b）「外国人材の受け入れ及び共生社会実現に向けた取組」
https://www.moj.go.jp/isa/content/001335263.pdf（2023年5月6日閲覧）

中小機構（2022）「中小企業・小規模企業者の定義」
https://www.smrj.go.jp/org/about/sme_definition/index.html（2022年12月6日閲覧）

豊田市（2019）「工業統計調査」
　https://www.city.toyota.aichi.jp/shisei/tokei/kikan/1004711/1004712.html（2023年12月22日閲覧）．
豊田市（2023）「豊田市の人口（2013年4月）詳細データ」
　https://www.city.toyota.aichi.jp/shisei/tokei/1004630/index.html（2023年5月5日閲覧）
豊橋市（2023）「年齢（各歳）男女別人口表（令和5年4月）」
　https://www.city.toyohashi.lg.jp/45346.htm（2023年5月8日閲覧）
内閣府（2019）「政策課題分析シリーズ18　企業の外国人雇用に関する分析─取組と課題について─」
　https://www5.cao.go.jp/keizai3/2019/09seisakukadai18-6.pdf（2021年3月21日閲覧）
名古屋市（2019）「工業統計」
　https://www.city.nagoya.jp/shisei/category/67-5-3-7-0-0-0-0-0-0.html（2023年12月22日閲覧）．
名古屋市（2023）「名古屋市の世帯数と人口（令和5年4月）」
　https://www.city.nagoya.jp/shisei/category/67-5-5-5-0-0-0-0-0-0.html（2023年5月5日閲覧）
日本経済新聞（2018）「外国人政策曲がり角，アジア系急増で通じぬ南米系対応」
　https://www.nikkei.com/article/DGXMZO30998250V20C18A5ML0000/（2023年1月19日閲覧）
浜松市（2022a）「浜松市における日本人市民及び外国人市民の意識実態調査」
　https://www.city.hamamatsu.shizuoka.jp/documents/97308/2021houkokusyo.pdf（2023年4月8日閲覧）
浜松市（2022b）「区別・町字別世帯数人口一覧表」
　https://www.city.hamamatsu.shizuoka.jp/gyousei/library/index.html（2023年12月8日閲覧）
袋井市（2022）「人口・世帯数・人口動態」
　https://www.city.fukuroi.shizuoka.jp/soshiki/8/2/gaiyo/1422534745982.html（2023年3月4日閲覧）
法務省（2022）「国籍別帰化許可者数」
　https://www.moj.go.jp/content/001392230.pdf（2023年5月12日閲覧）

索 引

■あ 行

愛知県………… 81, 100, 110, 118, 138, 172
愛知県の中小製造業……………… 179
移住者送出事業……………………… 26
伊勢崎市……………………………… 80
移民……………………………… 22, 25, 35
永住……………………………………… 114
永住権…………………………………… 4
永住者………………………………… 36
縁故募集……………………………… 48
縁辺労働力…………………………… 46
大泉町………………………………… 80
太田市………………………………… 80

■か 行

外国人雇用状況…………………… 6, 7
外国人在留者数…………………… 15
外国人労働者…………… 1, 3, 85, 198
外国人労働者の就労業種……… 131
韓国…………………………………… 195
韓国国籍者…………………………… 19
間接雇用…… 5, 9, 43, 44, 47, 52, 54, 72, 88, 98, 114, 148, 151, 158, 184, 191
基幹労働力…………………………… 63
帰国支援制度………………………… 20
技能実習生…………………… 33, 203
技能実習制度……………………… 2, 33
求職ルート………………………… 181
求人ルート………………………… 157
業務請負会社…………… 43, 47, 67, 86
居住地効果仮説……………………… 65
勤続年数……………………………… 92
群馬県………… 80, 100, 106, 116, 137, 167

群馬県の中小製造業…………… 177
国際交流協会……………………… 127
個人属性仮説………………………… 64
雇用意識………………………… 68, 187
雇用管理…………………………… 153
雇用形態……… 7, 42, 61, 62, 91, 92, 147
雇用形態の満足度………………… 95
雇用契約……………………………… 68
雇用調整…………………………… 153
雇用の調整弁………… 66, 186, 194, 208
雇用理由…………………………… 146

■さ 行

採用ルート………………… 174, 181, 184
在留意識……………………………… 8
在留外国人…………………………… 15
在留資格……………… 7, 8, 10, 19, 30, 31
静岡県………… 81, 100, 108, 117, 137, 169
静岡県の中小製造業…………… 178
就職紹介ブローカー……………… 49
重層的下層構造…………………… 46
従属的下層構造…………………… 46
就労環境………………………… 20, 61, 63
就労業種……………………………… 90
就労実態……………………………… 42
就労地域移動……………………… 133
出入国管理及び難民認定法…… 28
出入国管理政策………… 2, 21, 28, 33, 35
出入国在留管理庁………………… 34
循環移動……………………………… 36
小規模な中小製造業……… 11, 140, 167
人材派遣会社……… 43, 47, 52, 54, 67, 86, 103, 119, 121
新来外国人……………………… 31, 188

正社員 …………………………………… 202
正社員雇用 ……………………… 149, 156, 157
接触仮説 ………………………………… 64

■た 行

大規模な中小製造業 ………… 11, 140, 167
台湾 ……………………………………… 197
多文化共生 …………………… 6, 42, 203, 207
単純労働 …………………………… 8, 18, 31
地域中小製造業 ………………………… 11
中規模な中小製造業 ………… 11, 140, 167
中国国籍者 ……………………………… 18
中小企業 ………………………………… 10
中小企業基本法 ………………………… 11
中小製造業 …… 11, 18, 52, 59, 61, 66, 67,
　　　74, 135, 139, 140, 154, 167, 200
直接雇用 ………………… 47, 88, 148, 202
定住者 ………………… 4, 33, 35, 60, 188
デカセギ ………… 3, 4, 8, 9, 10, 11, 32, 48, 49,
　　　　　　　　　　　　　　62, 114
出稼ぎ …………………………… 11, 23
転職 ……………………………………… 10
転職行動 ………………… 47, 48, 73, 92
特定技能 ………………………………… 16
特定技能制度 …………………………… 34
特別永住者 ……………………………… 59
豊田市 …………………………………… 82
豊橋市 …………………………………… 81

■な 行

名古屋市 ………………………………… 82
日系人 …………………………………… 9, 45
日系人離職者に対する帰国支援制度
　　……………………………………… 21
日系ブラジル人労働者 …… 3, 5, 9, 15, 26,
　　　41, 45, 52, 59, 61, 65, 66, 77, 86,
　　　　　　　　　　　　113, 192, 199

日系4世 ………………………………… 36
日本人移民者 …………………………… 22
日本人労働者 ………………………… 4, 6
入管法 …………………………………… 2
入管法改正 ……………… 7, 31, 32, 33, 41, 45
ネットワーク仮説 ……………………… 64

■は 行

排外意識 ……………………… 64, 65, 203
排他意識 ……………………… 64, 187, 191
排他的雇用意識 ………………… 194, 208
派遣切り ……………………………… 42, 45
派遣先企業 ……………………………… 121
派遣社員 ……………………………… 114
ハローワーク ………………… 103, 123, 125
非正規社員 …………………………… 5, 61
人手の充足度 ………………………… 140
人手不足 ……………………………… 141
不安定就労 …………………………… 48
不安定就労者 ………………………… 11
不安定就労層 ………………… 5, 9, 11, 194
不安定な雇用環境 …………………… 54
不安定な雇用形態 …………………… 61
不安定な就労環境 …………………… 71
不安定労働層 ………………… 44, 61, 71, 183
フィリピン国籍者 ……………………… 19
プッシュ要因 ………………………… 37
不法就労 ……………………………… 31
ブラジル ……………………………… 25
ブラジル国籍者の在留者 …………… 17
プル要因 ……………………………… 37
ベトナム国籍者 ……………………… 19

■や 行

雇い止め ……………………………… 45

■ら 行

労働意識……………………154
労働意欲……………………155
労働階層……………………46

労働基準法…………………5
労働市場……………………5
労働の下層性………………9, 77
労働文化……………………55

【著者紹介】

早川　和幸（はやかわ　かずゆき）

株式会社静岡県セイブ自動車学校　代表取締役
法政大学地域研究センター客員研究員
法政大学大学院政策創造研究科博士後期課程修了　博士（政策学）

主著：「中小製造業におけるブラジル人労働者の雇用意識に関する一考察」『経営行動研究年報』第30号，2021年12月。
　　　「中小製造業における定住外国人への高度熟練技能継承の可能性に関する一考察」『日本経営倫理学会誌』第29号，2022年3月。
　　　"Entrenchment of Labor Structures in the Employment of Japanese-Brazilian Workers."『異文化経営』第19号，2022年12月。

日系ブラジル人労働者の雇用形態と雇用意識

2025年2月1日　第1版第1刷発行

著者　早　川　和　幸
発行者　山　本　継
発行所　㈱中央経済社
発売元　㈱中央経済グループ
　　　　パブリッシング

〒101-0051　東京都千代田区神田神保町1-35
　　　　　　電　話　03(3293)3371(編集代表)
　　　　　　　　　　03(3293)3381(営業代表)
　　　　　　https://www.chuokeizai.co.jp
　　　　　　印刷／東光整版印刷㈱
　　　　　　製本／誠　製　本㈱

©2025
Printed in Japan

＊頁の「欠落」や「順序違い」などがありましたらお取り替えいたしますので発売元までご送付ください。(送料小社負担)

ISBN978-4-502-52291-8 C3034

JCOPY〈出版者著作権管理機構委託出版物〉本書を無断で複写複製（コピー）することは，著作権法上の例外を除き，禁じられています。本書をコピーされる場合は事前に出版者著作権管理機構（JCOPY）の許諾を受けてください。
JCOPY〈https://www.jcopy.or.jp　eメール：info@jcopy.or.jp〉